三聯人文書系

陳平原 主編

交流與互鑒：佛教與中印文化關係論集

王邦維 著

三聯人文書系

主　　編　陳平原
責任編輯　李　斌
書籍設計　任媛媛

書　　名　交流與互鑒：佛教與中印文化關係論集
著　　者　王邦維
出　　版　三聯書店（香港）有限公司
香港北角英皇道四九九號北角工業大廈二十樓
Joint Publishing (H.K.) Co., Ltd.
20/F., North Point Industrial Building,
499 King's Road, North Point, Hong Kong
香港發行　香港聯合書刊物流有限公司
香港新界大埔汀麗路三十六號三字樓
印　　刷　美雅印刷製本有限公司
香港九龍觀塘榮業街六號四樓A室
版　　次　二〇一八年四月香港第一版第一次印刷
規　　格　大三十二開（141 × 210 mm）三〇四面
國際書號　ISBN 978-962-04-4313-8

總序

陳平原

老北大有門課程，專教「學術文」。在設計者心目中，同屬文章，可以是天馬行空的「文藝文」，也可以是步步為營的「學術文」，各有其規矩，也各有其韻味。所有的「滿腹經綸」，一旦落在紙上，就可能或已經是「另一種文章」了。記得章學誠説過：「夫史所載者，事也；事必藉文而傳，故良史莫不工文。」我略加發揮：不僅「良史」，所有治人文學的，大概都應該工於文。

我想像中的人文學，必須是學問中有「人」——喜怒哀樂，感慨情懷，以及特定時刻的個人心境等，都制約著我們對課題的選擇以及研究的推進；另外，學問中還要有「文」——起碼是努力超越世人所理解的「學問」與「文章」之間的巨大鴻溝。胡適曾提及清人崔述讀書從韓柳文入手，最後成為一代學者；而歷史學家錢穆，早年也花了很大功夫學習韓愈文章。有此「童子功」的學者，對歷史資料的解讀會別有會心，更不要説對自己文章的刻意經營了。當然，學問千差萬別，文章更是無一定之規，今人著述，盡可別立新宗，不見得非追韓摹柳不可。

錢穆曾提醒學生余英時：「鄙意論學文字極宜著意修飾。」我相信，此乃老一輩學者的共同追求。不僅思慮「說什麼」，還在斟酌「怎麼說」，故其著書立說，「學問」之外，還有「文章」。當然，這裡所說的「文章」，並非滿紙「落霞秋水」，而是追求佈局合理、筆墨簡潔，論證嚴密；行有餘力，方才不動聲色地來點「高難度動作表演」。

與當今中國學界之極力推崇「專著」不同，我欣賞精彩的單篇論文；就連自家買書，也都更看好篇幅不大的專題文集，而不是疊床架屋的高頭講章。前年撰一《懷念「小書」》的短文，提及「現在的學術書，之所以越寫越厚，有的是專業論述的需要，但很大一部分是因為缺乏必要的剪裁，以眾多陳陳相因的史料或套語來充數」。外行人以為，書寫得那麼厚，必定是下了很大功夫。其實，有時並非功夫深，而是不夠自信，不敢單刀赴會，什麼都來一點，以示全面；如此不分青紅皂白，眉毛鬍子一把抓，才把書弄得那麼臃腫。只是風氣已然形成，身為專家學者，沒有四五十萬字，似乎不好意思出手了。

類似的抱怨，我在好多場合及文章中提及，也招來一些掌聲或譏諷。那天港島聚會，跟香港三聯書店總編輯陳翠玲偶然談起，沒想到她當場拍板，要求我「坐而言，起而行」，替他們主編一套「小而可貴」的叢書。為何對方反應如此神速？原來香港三聯書店向有出版大師、名家「小作」的傳統，他們現正想為書店創立六十週年再籌劃一套此類叢書，而我竟自己撞到槍口上來了。

記得周作人的《中國新文學的源流》一九三二年出版，也就五萬字左右，錢鍾書對周書有所批評，但還是承認：「這是一本小而可貴的書，正如一切的好書一樣，它不僅給讀者以有系統的事實，而且能引起讀者許多反想。」稱周書「有系統」，實在有點勉強；但要說引起「許多反想」，那倒是真的——時至今日，此書還在被人閱讀、批評、引證。像這樣「小而可貴」、「能引起讀者許多反想」的書，現在越來越少。既然如此，何不嘗試一下？

早年醉心散文，後以民間文學研究著稱的鍾敬文，晚年有一妙語：「我從十二三歲起就亂寫文章，今年快百歲了，寫了一輩子，到現在你問我有幾篇可以算作論文，我看也就是有三五篇，可能就三篇吧。」如此自嘲，是在提醒那些在「量化指標」驅趕下拚命趕工的現代學者，悠著點，慢工方能出細活。我則從另一個角度解讀：或許，對於一個成熟的學者來說，三五篇代表性論文，確能體現其學術上的志趣與風貌；而對於讀者來說，經由十萬字左右的文章，進入某一專業課題，看高手如何「翻雲覆雨」，也是一種樂趣。

與其興師動眾，組一個龐大的編委會，經由一番認真的提名與票選，得到一張左右支紬的「英雄譜」，還不如老老實實承認，這既非學術史，也不是排行榜，只是一個興趣廣泛的讀書人，以他的眼光、趣味與人脈，勾勒出來的「當代中國人文學」的某一側影。若天遂人願，舊雨新知不斷加盟，衣食父母繼續捧場，叢書能延續較長一段時間，我相信，這一「圖景」會日漸完善的。

最後，有三點技術性的說明：第一，作者不限東西南北，只求以漢語寫作；第二，學科不論古今中外，目前僅限於人文學；第三，不敢有年齡歧視，但以中年為主——考慮到中國大陸的歷史原因，選擇改革開放後進入大學或研究院者。這三點，也是為了配合出版機構的宏願。

二〇〇八年五月二日

於香港中文大學客舍

目錄

自序

本書是我過去二十多年發表的部分論文的結集，內容涉及印度和中國的佛教語言、文獻與歷史，也可以說大多與古代中印文化的交流有關。論文中，最早的寫成於一九九一年，最晚的寫成於二〇一三年，前後發表在國內的一些學術刊物上或者收入論文集中。現在集合在一起，印成書，一方面我想算是一個小結，另一方面也許會方便對這些問題有興趣的人，雖然這樣的人我估計數量有限。

佛教的研究，不是新題目。作為一種宗教，佛教在中國歷史上曾經有過很大的影響，無論是研究中國歷史，還是中國思想，抑或中國文學，或者中國的考古和藝術，往往都會牽涉到佛教。近代以前，中國也不是沒有人研究佛教，但傳統的佛教研究，與傳統中國其他很多學科的研究一樣，到了近代，顯示出很大的局限性。清末民初以來，中國學者對佛教的研究，有了新的變化，變化最大的，是研究視野和研究資料的擴大，研究方法也有很大的更新。這樣的變化，與近代中國社會和文化的形態變化直接有關。認識到這一點，在今天說不上有多新鮮，但在上世紀的七十年代末和八十年代初，「文革」結束不久，中國的教育和學術尚處在恢復時期，一切重新開始，「撥亂反正」，一下要明白其中的道理，並不太容易。至少在我自己，當時得到這樣的體會，到現在還有很深的印象。

在佛教研究方面，我唸研究生時的導師季羨林先生，還有我雖然沒有見過，但一開始就讀他們書的一些先生，陳寅恪、胡適之、湯用彤、呂秋逸，處於這種學術新舊轉換之際，他們的研究取向和路徑，基本上都是這樣。他們所做的研究，既注意新材料的發現，又有新的眼光，同時嘗試新的方法。他們既有才具，又有見識，所以各自在研究上都取得了突出的成就。我們這一代人，雖然很多地方難與老一輩的學者們相比，但畢竟可以以他們為榜樣，用漢代司馬遷的話說，「雖不能至，然心嚮往之。」何況，如果真是追求學術，追隨先賢，其間不是也能獲得一種愉悅嗎？

與佛教相關的，是中印文化交流的歷史。書中的文章，內容也都與此相關。中國和印度都是亞洲的文明古國，歷史悠久，文化傳承至今不斷。中印又是近鄰，文化的交往至少有兩千年以上的歷史。這些年來，我時常在想，人類歷史上曾經產生過多個文明，但延續至今，對人類的發展有過重大影響的文明並不太多，人們往往舉列的有四大或者五大文明。不管幾大，其中一定包括有中華文明和印度文明。兩千年來，中國與印度，除了上世紀的六十年代，有那麼一次時間很短，規模有限的邊界衝突以外，所有的時間，都是和平相處。這在世界歷史上，其實很少見。印度文化中很多東西，主要通過佛教，當然也包括其他的途徑，被中國人所接受，早已成為中國文化的一部分。這其中不僅是宗教，還有語言、文學、藝術、民俗，各個方面，以致我們今天幾乎感覺不到它們來自印度。中國文化從來不是孤立生長的，兩千多年來與印度以及其他國家、其他文化的交往與互動一直未間斷。這樣的交流與互動，對於中國文化的發展，真是功莫大焉。明白這一點，也許可以讓我們對今天中印兩國的和平相處有更積極的一種態度，也有助於我們開放和理性地評價中國文化。沒有中外文化的交流，就沒有今天的中國，過去是這樣，今後也一定是這樣。狹隘和自大，以為只有自己的文化才稱得上優秀，其實是愚昧和無知。不過，如此鼓吹的人往往是另有考慮。

「文化交流」和「文明互鑒」，是這些年常被人提到的兩個詞語。拋開某些宣傳上的口號不論，這兩個理念所概括的內容，所代表的價值取向，是正確的，我完全認同。這本書裡所討論的，如果要用一句話來概括，也就是歷史上中印文化之間交流互鑒的一些問題和例子，所以我用這兩個詞語作為書題。

感謝叢書主編陳平原先生的好意。平原先生是我在北京大學的同事。編這本書，是他的提議。他提出這個建議，是在二〇一六年三月。但這麼簡單的一件事，我竟然也拖延了快兩年的時間，真有點辜負平原先生的好意了。

香港三聯書店接受這部書稿，沒有提出任何條件。我的工作如此拖遝，書店出版部的經理梁偉基先生和責任編輯李斌先生，對我都是同樣的寬容，因此我也必須對他們表示衷心的感謝。

二〇一八年元月十一日於北京大學燕北園

錦綺之花：佛經的翻譯與文本

佛經的翻譯是一個在不同的場合下被討論過，而且已經討論得很多的問題。學者們從不同的角度，依據不同的材料，以宏觀或微觀的形式做過討論。近一百年來，日本學者在這方面做的工作尤其多一些。

過去的討論，在研究佛教歷史和文獻的學者中，更多地是從實證出發，具體涉及到佛經翻譯的途徑，翻譯方法，譯語、譯文的理解，很多時候也涉及到文獻的來源以及經錄等問題。而在研究所謂的翻譯學的學者中，則比較宏觀，近年來更傾向於引進一些西方的翻譯學、比較文學或者比較文化學的理論，試圖來做更多，也往往被認為是更新的闡釋。除此之外，近年來也有一些研究漢語史的學者，利用漢譯的佛經作為語料，這中間常常也要涉及到佛經翻譯中的一些問題。

本文不準備討論某一部具體的經典的翻譯，或某一位譯人的翻譯活動，或某一種翻譯理論應用的可適性，僅僅提出幾個與古代佛經翻譯相關的問題。提出這些問題的背景是，討論佛經的翻譯，是不是還可以從佛經的產生，佛經在兩千多年間流傳的歷史以及文化交流和互動的角度來做一些思考。這一角度，似乎也接近與當今幾個比較時髦的學科名稱，如文本發生學、文本解讀、闡釋學、文化傳播學等等所要討論的題目。不過，在我看來，名稱並不重要，重要的是我們應該怎麼認識佛經翻譯這一已經存在兩千多年，同時現在仍然還在進行的現象和過程。從文化史、翻譯史以及佛教史的角度而言，如果我們對此能夠有一個比較精細而不是粗疏，具體而不是模糊的描述，一些長期以來爭論不休的問題也許能比較容易得到解決。

我先提出幾個問題，必要時舉一個或幾個例子，然後就這些問題談一下我的意見。這幾個問題分別是：一、經典怎麼形成：早期佛經的語言和翻譯問題；二、經典怎麼流傳：佛經流傳過程中的文本；三、翻譯還是文本轉換：漢譯佛經的特點；四、「改治」：文本轉換的另一個例子；五、一點餘論：翻譯是什麼？

以下是我對這些問題的看法。當然，所有這些，都有待於同行們的指正和做進一步的討論。

一、經典怎麼形成：早期佛經的語言和翻譯問題

依據一般的説法，釋迦牟尼在公元前六世紀或是五世紀創立佛教。佛教一經創立，就有了廣泛意義上的佛經。佛教講佛法僧「三寶」，其中的法寶——有時用 Buddhavacana，即「佛語」這個詞來代表——一定意義上講就是指佛經。這與佛教早期的歷史有關。這樣的説法，如果做寬泛的理解，基本上可以接受。

最早的佛經究竟是什麼樣，我們實際上並不清楚。我們現在見到的佛經，即使可以判斷為最早或者可能是最早的文本，都大大晚於釋迦牟尼的時代。不過，通過分析和研究，我們還是可以發現一些與最早的佛經——上個世紀的一些學者往往稱此為原始佛典（Urkanon）——相關的痕跡。從研究的結果看，這些最早的佛經，主要有這樣一些特點：

首先，它們最早只是口頭流傳的釋迦牟尼的一些教言，在釋迦牟尼在世時或去世後，由弟子們編輯，而後通過所謂的「結集」（saṅgīti）才逐步成為經典。這個過程，與中國古代的《論語》成書的過程有些相似，但規模更大，過程更複雜。二者在時間的尺度與地域的廣度上不可比擬。

其次，記載最早的佛經的語言不大可能是巴利語，更不可能是梵語，最大的可能是古代印度東部的某種或者某幾種方言。根據德國學者 Henrich Lüders 的推斷，是古印度的半摩揭陀語（Ardhamāgadhī）。[一] 當然，也有不同的意見，但所有的不同意見也說不上有更有力的根據。因此，我們仍然可以設想，今天見到的巴利語的以及其他早期印度語言的佛經，例如犍陀羅語佛經，其核心部分，一定程度上都是從一種原始佛典語言（Ursprache）的佛經轉換而來。[二]

再次，這樣的轉換，既包括文本形式的轉換，也包括語言的轉換。在我看來，這種轉換的過程，整個的講，其實就包含著各種形式的翻譯，但這種意義上的翻譯，其中包含的內容，遠比一般理解的翻譯要大得多，豐富得多。

因此，我們是否可以這樣說，佛教經典在形成的過程中，很早就與翻譯有關係。這種翻譯，在一開始，只是在中世印度雅利安語（Middle Indo-Aryan）範圍內兩種或多種分支語言，包括巴利語、犍陀羅語、其他俗語、梵語等之間的翻譯。在佛教傳到印度以外的地區以後，情形又有所改變，佛經被翻譯成非印度的語言，這中間發生的變化當然就更大了。

二、經典怎麼流傳：佛經流傳過程中的文本

歷史上的佛經怎麼流傳，可以討論的問題有許多，這裡只談與文本有關的問題。最原始的佛經缺乏實例，不好做討論，但早期的佛經流傳下來的有很多，我舉幾個例子，首先舉《法句經》。

【一】Henrich Lüders: *Beobachtungen über die Sprache des buddhistischen Urkanons*, Berlin, 1954.

【二】討論最早佛經的語言問題，中文出版物中可以參考季羡林：《原始佛教的語言問題》（北京：中國社會科學出版社，一九八五年）。上世紀九十年代以前討論這一問題的大部分西文著作，季先生的書中都有引用。

不管在南傳還是在北傳的系統中，《法句經》都可以說是一部很重要的經典，尤其是南傳。現存的《法句經》，最為人熟知的是巴利語本的 *Dhammapada*。在斯里蘭卡和東南亞地區南傳佛教的範圍內，巴利語本有名很自然。在南亞以及東南亞以外的地方，尤其是歐美地區，巴利語本的《法句經》有名，主要是因為最早的西文譯本所依據的是巴利語本。巴利語本二十六品，屬於上座部的傳承系統，這一點眾所周知。

除了巴利語本的《法句經》，保存在印度語言（Indic languages）中的還有三種《法句經》。與巴利語《法句經》不同的是，這三種《法句經》，早些時候並沒有人知道，它們被發現以及對它們的瞭解，不過是近幾十年的事。他們也都不屬於上座部的傳承系統。

第一種是有名的犍陀羅語《法句經》（*Gāndhārī Dharmapada*）。這部《法句經》使用的語言是印度古代西北的方言，即現在一般所稱的犍陀羅語。經卷寫在樺樹皮上，用佉盧文抄寫，本世紀初在中國新疆的和田地區出土，後來被分別收藏在法國巴黎和俄國聖彼得堡。發現的當時，曾經在國際東方學界引起過很大的轟動。但直到上世紀的六十年代，英國劍橋大學的教授 **John Brough** 經過長期的研究，才出版了他的一個完整的校刊本，校刊本同時包括他所做的研究。犍陀羅語《法句經》不是全本，是殘本，**Brough** 整理的校刊本存二十二品。【二】上個世紀的九十年代以來，從阿富汗陸續流出的文物中，也發現了一些寫在樺樹皮上

的最古老的佛經，其中也有犍陀羅語的《法句經》，不過只是一些片段。[二]

第二種是梵語本，但名字不叫《法句經》，而是 *Udānavarga*。這是德國學者 F. Bernhard 根據德國吐魯番探險隊在中國新疆地區發掘所獲得寫本殘片，即所謂 Turfanfunden 的一部分，重新恢復出來的。梵本經文有三十三品。[三] 此外，上個世紀的八十年代日本學者中谷英明從法國伯希和從庫車蘇巴什（Subashi）佛寺遺址掘得的梵語寫本中，也整理出一部

【一】J. Brough: *The Gāndhārī Dharmapada*, London: Oxford University Press, 1962.

【二】Richard Salomon: *Ancient Buddhist Scrolls from Gandhāra: The British Library Kharoṣṭhī Fragments*, Seattle: University Washington Press, 1999; Timothy Lenz: *A New Version of the Gāndhārī Dharmapada and a Collection of Previous-Birth Stories: British Library Kharoṣṭhī* Fragments 16+25 , Gandhāran Buddhist Texts 3, Seattle, 2003. 我十多年前為前一本書寫過一篇書評，見《敦煌吐魯番研究》（北京：北京大學出版社，二〇〇一年），第五卷，頁三四三——三五三。

【三】*Udānavarga*, Sanskrittexte aus den Turfanfunden X, hrg. von F. Bernhard, Band I (Einleitung, Beschreibung der Handschriften, Textausgabe, Bibliographie), II (Indices, Konkordanzen, Synoptische Tabellen), III (Der tibetische Text), Göttingen: Vandenhoeck & Ruprecht, 1965, 1968, 1990.

Udānavarga，內容有殘缺，只能說大致完整。【一】

第三種《法句經》來自西藏。上個世紀的三十年代中期，印度學者 Rahula Sāõkṛtyāyana 四次進入中國西藏地區，尋找從印度以及尼泊爾流入西藏的梵文經典。這是他在西藏見到的梵文經典之一。Sāṅkṛtyāyana 對一些經典拍了照片或者做了筆錄。這些照片後來保存在今天印度比哈爾邦的首府巴特那的一個研究所。照片中包括這部《法句經》，因此這部《法句經》後來又被稱作《巴特那法句經》（*Patna Dharmapada*）。時間已經過去了七十多年，原件是否還在西藏，在西藏的什麼地方，目前沒有人知道。

這部《法句經》的校刊本有兩種：一種是德國學者 Gustav Roth 的校刊本，【二】另一種是英國學者 Margret Cone 的校刊本。【三】

從語言上講，這一部《法句經》只能勉強算是梵語本。說勉強，是因為這部《法句經》的俗語化程度很高，我們既可以說它是包含很多俗語成分的梵語本（Sanskrit version with much Prakrit elements），但也可以說它是還沒有完全梵語化的俗語本（Prakrit version not yet fully Sanskriticized）。

從這四種印度語言的《法句經》，我們就已經可以看到，即使是同名或不同名但內容基本相同的一種佛經，可以有不同的文本，還可以用不同的語言撰寫，而且這中間的情況非常複雜。它們之間，既有文本轉換的問題，也有翻譯的問題。

但更複雜的是漢譯的《法句經》。在漢文三藏中，現存的《法句經》或者說內容與《法句經》基本相同，但名稱略異的經典至少有四種。

第一種是三國時的翻譯，經名就是《法句經》，翻譯的時間很早，屬於中國歷史上最早翻譯的佛經之一了。全經三十九品，漢譯兩卷。【四】經前題名講「尊者法救撰，吳天竺沙門維祇難等譯」。與維祇難合作的有竺將炎，也許還有支謙。

《出三藏記集》卷七有《法句經序》，這是關於《法句經》的非常重要的一篇文獻。其中講到《法句經》如何產生和形成的過程：

【一】中谷英明（H. Nakatani）：*Udānavarga de Subaši*, Paris: Institut de Civilisation Indienne, Tome I、II、1987；スバシ寫本の研究（京都：人文書院，一九八八年）。

【二】G. Roth: "Particular Features of the Languages of the Ārya-Mahāsaṃghika-Lokottaravādins and their Importance for Early Buddhist Tradition. 2. Text of the Patna Dharmapada", in *Die Sprache der ältesten buddhistischen Überlieferung, (Symposien zur Buddhistforschung*, II), Vandenhoeck & Ruprecht in Göttingen, 1980, pp. 97-135.

【三】M. Cone: Patna Dharmapada, Part I: Text, *Journal of the Pali Text Society*, Vol. 13, 1989, pp. 101-217.

【四】收入《大正藏》卷四。

> 《曇鉢偈》者，眾經之要義。曇之言法，鉢者句也。而《法句經》別有數部，有九百偈，或七百偈及五百偈。偈者結語，猶詩頌也。是佛見事而作，非一時言，各有本末，布在眾經。佛一切智。厥性大仁，湣傷天下。出興於世，開現道義，所以解人，凡十二部經，總括其要，別有四部《阿鋡》。至去世後，阿難所傳。卷無大小，皆稱聞如是處佛所，究暢其說。是後五部沙門，各自鈔采經中四句六句之偈，比次其義，條別為品。於十二部經，靡不斟酌，無所適名，故曰《法句》。夫諸經為法言，《法句》者，猶法言也。近世葛氏傳七百偈，偈義致深。譯人出之，頗使其渾漫。惟佛難值，其文難聞。又諸佛興皆在天竺。天竺言語，與漢異音。云其書為天書，語為天語。名物不同，傳實不易。唯昔藍調安侯世高、都尉、弗調，譯胡為漢，審得其體，斯以難繼。後之傳者，雖不能密，猶尚貴其實，粗得大趣。

然後講到翻譯《法句經》的經過，同時還討論到翻譯中的「質直」和「美言」問題：

> 始者，維祇難出自天竺，以黃武三年來適武昌。僕從受此五百偈本。請其同道竺將炎為譯。將炎雖善天竺語，未備曉漢。其所傳言，或得胡語，或以義出音，近於質

直。僕初嫌其辭不雅。維祇難曰：佛言依其義，不用飾。取其法，不以嚴。其傳經者，當令易曉，勿失厥義，是則為善。座中咸曰：老氏稱：美言不信，信言不美。仲尼亦云：書不盡言，言不盡意。明聖人意，深邃無極。今傳胡義，實宜經達。是以自竭受譯人口，因循本旨，不加文飾。譯所不解，則闕不傳，故有脱失多不出者。然此雖辭樸而旨深，文約而義博。事鉤眾經。章有本故，句有義説。其在天竺始進業者，不學《法句》，謂之越敘。此乃始進者之鴻漸，深入者之奧藏也。可以啟蒙辯惑，誘人自立。學之功微，而所苞者廣，實可謂妙要者哉。昔傳此時有所不出。會將炎來，更從諮問，受此偈等。重得十三品，並挍往故，有所增定。第其品目，合為一部三十九篇，大凡偈七百五十二章，庶有補益，共廣聞焉。【一】

翻譯中以「質直」還是「美言」作為標準，提出這樣的命題，在中國古代的翻譯史上，這是首次。對這一問題的討論，一直持續了幾百年。經錄中説這篇序言「未詳作者」，很多學者推測作者是支謙，這有道理。説譯經的合作者是支謙，根據的也是這個推測。

【一】《出三藏記集》卷七，《法句經序》。《大正藏》卷五十五，頁四九下—頁五〇上。

第二種是《法句譬喻經》，四十二品，漢譯四卷，晉代沙門法炬共法立譯。【一】

第三種是《出曜經》，三十四品，漢譯三十卷，姚秦涼州沙門竺佛唸譯。【二】經前有序，為僧叡所撰。【三】僧叡的《序》講的是三十三品，現存的《出曜經》實際分為三十四品。

第四種是《法集要頌經》，四卷，三十二品，尊者法救集。這是宋代來華的印度惹爛馱囉國密林寺僧人天息災譯。【四】

不同文本，不同形式，甚至名字也不一樣的《法句經》，已經有了這麼多，由此而生出的一個問題是：它們之間是什麼樣的關係呢？從佛教發展歷史的角度看，這個問題的一部分，可以用另一種問法來表達：這些不同文本的《法句經》，它們屬於佛教的什麼部派呢？巴利本的《法句經》不用說屬於南傳的上座部，但其他的《法句經》呢？

先講巴利語之外的四種印度語言的《法句經》。

依照目前的研究，第一種，即犍陀羅語的《法句經》，屬於法藏部的可能性最大。這個意見最早是校訂和研究的 John Brough 提出的，但 Brough 很謹慎，他說，這只是可能性最大。不過我以為基本可以視作定論。【五】

第二種《法句經》，即 *Udānavarga*，在整理這部文獻的德國學者看來，屬於說一切有部。這樣說當然有根據。不過，最近二十多年的研究發現，在中亞發現的梵文文獻中，過去認定為說一切有部的文獻，其中也有一些屬於根本說一切有部。雖然說一切有部在一些情況下確實可以與根本說一切有部有時可以視為一體，但二者還是有差別的。因此，這部《法句經》屬於說一切有部還是屬於根本說一切有部，需要做考慮。在我看來，推斷為根本說一切有部，即說一切有部的一個分部，有更多的道理。

第三種印度語言的《法句經》，又稱《巴特那法句經》的問題比較複雜。沒有任何一種證據說明它屬於哪一個部派，但它無論在語言上還是在結構、內容上顯然與《法句經》所有其他的傳本都不一樣。Peter Skilling 十多年前提出一種意見，他推測屬於正量部。Skilling 為此做了細緻的分析，他的分析我以為言之有理。【六】可以補充的一點還有，從玄奘在《大唐西域

【一】收入《大正藏》卷四。

【二】收入《大正藏》卷四。

【三】《大正藏》卷四，頁六〇九中至下。

【四】收入《大正藏》卷四。

【五】王邦維：〈論阿富汗新發現的佉盧文佛教經卷〉，《中華佛學學報》，第十三期（卷上），二〇〇〇年，頁一一三—一二〇。

【六】Peter Skilling: On the School-affiliation of the "Patna Dhammapada", *Journal of the Pali Text Society*, Vol. 23 (1997), pp. 83-122.

記》中記載看，七世紀時，正量部在印度實在是很有影響。依照《大慈恩寺三藏法師傳》卷五所講，著名的戒日王的妹妹所皈依的教團，就屬於正量部。[一] 正量部影響之大，以至於義淨把他當時所見的所有的印度佛教部派總括為四個大的部派，其中一個就是正量部。[二] 可惜正量部的文獻我們現在知道的卻少之又少。[三]

但是更難做出判斷的也許是漢譯的幾種《法句經》。它們顯然又有所不同。

第一種，維祇難本。法光不久前提出一種說法，認為可能屬於化地部。[四] Charles Willemen 支持這個說法。[五] 這個意見值得注意。

第二種《法句譬喻經》，目前仍然不清楚。

第三種《出曜經》，如果我們接受傳統的編者法救屬於說一切有部的說法，這部《出曜經》也就應該屬於說一切有部。前一個說法應該可以接受。

第四種《法集要頌經》，翻譯的時間已經比較晚。從這一點看，屬於根本說一切有部的可能性似乎大一些。

有關《法句經》，可以討論的問題當然還有很多，但只是從《法句經》這些不同的傳本，我們可以看得很清楚，佛教歷史上的一些部派，都有過編撰自己部派的《法句經》或《法句經》一類經典的過程，最後的結果就是我們現在看到的這種狀況。

第二個例子：《那先比丘經》。

在南傳巴利經典裡，《那先比丘經》的經名是《彌蘭陀王問經》（*Milindapañha*）。這也是

【一】《大正藏》卷五十，頁二四七中。

【二】《南海寄歸內法傳校注》（北京：中華書局，一九九五年），頁一〇——一一。我在書的前言中對此有更多的討論。

【三】正量部的經典在漢譯佛教文獻中目前可以確認的只有《三彌底論》和《律二十二明瞭論》。前者收入《大正藏》卷三十二，後者收在《大正藏》卷二十四。前者失譯，後者由陳真諦翻譯。真諦西印度優禪尼國人，經扶南而來華。真諦很有可能就是正量部僧人。依照義淨的記載，公元六七世紀時，在西印度，正量部的影響很大，而且可能是最大的；在南海方面，正量部也頗有影響。參見 Bangwei Wang: "Buddhist Connection between China and Ancient Cambodia: Śramaṇa Mandra's Visit to Jiankang", in *The Benefit of Broad Horizons: Intellectual and Institutional Preconditions for a Global Social Science*, *International Comparative Social Studies*, Vol. 24, Leiden-Boston: E. J. Brill, 2010, pp. 280-291.

【四】Bhikkhu Dharmajoti: "Fa Ju Jing, The Oldest Chinese Version of the Dharmapada: Some Remarks on the Language and Sect-affiliation of its Original", *Chinese Translation of Buddhist Scriptures: New Discoveries and Perspectives*, Tokyo: ICPBS, 2006, pp. 41-73.

【五】Ch. Willemen（魏查理）：〈印度部派佛教「化地部」的新研究〉，《人文宗教研究》（北京：宗教文化出版社，二〇一一年），第一輯，頁一三〇。

一部有名的經典，但它實際上比較晚出。【一】因此，在斯里蘭卡的巴利語三藏系統中，它屬於藏外經典。不過在緬甸系統中，它已經被收入《小部》（*Khuddaka-Nikāya*）之中。

漢文的佛典裡《那先比丘經》是什麼時候翻譯的，不是很清楚。經錄的記載是「失譯人名，附東晉錄」，也就是說最晚不晚於東晉。但有的學者從譯文的文體和語言推斷，應該更早，最早的推到了後漢。如果保守一點，應該是在後漢至東晉之間。因此漢譯的年代不一定比巴利本形成的年代晚。【二】

《那先比丘經》或者說《彌蘭陀王問經》在研究早期佛教教義方面的重要性不用多講，這裡主要考慮它的傳承系統。巴利本與漢譯本雖然有很大的不同，但二者顯然曾經有一個共同的來源，這就是原始的《那先比丘經》或者說《彌蘭陀王問經》。這個原始的《那先比丘經》是用什麼語言寫成的呢？有人說是俗語，有人說是梵語，也有人說是混合梵語。什麼語言都有可能，但就不可能是巴利語。理由很簡單，那就是經的內容所反映的歷史背景。彌蘭陀王是希臘的國王，那先比丘與彌蘭陀王的對話發生在犍陀羅，故事發生在這裡，作為一部經典，最早形成應該是在犍陀羅。如果考慮到從阿育王時代到彌蘭陀王的時代，乃至更晚，犍陀羅地區使用的是古代印度的西北方言，即現在一般所稱的犍陀羅語，最早傳本的語言也應該是犍陀羅語。現在還有留存的當時的碑銘和在這一地區發現的最早的佛經寫本的情況可以證明這一點。只是在其後的某個時候——當然這個時間也比較早——被改造成巴利本，進入南傳上座部傳承的系統。同時在中國的後漢至東晉之間的某個時候，傳到漢地，譯為漢語。漢譯本代表的顯然是另一個傳承系統。雖然我們目前還不能準確指出這究竟是哪一個傳承系統，但從時間和地域的條件上推斷，後者保留的原始形態是不是會更多一些呢？[三]

上面選取佛經中兩部很有名的佛經作為例子，是要想說明，佛經在流傳的過程中，其文本會有多麼複雜的情況。為什麼會有這樣的現象？原因很簡單：第一、我們今天見到的佛經，沒有一種是釋迦牟尼當時的原本。第二、傳承的系統，早期大致是依據部派而作區分，部派則與時代和地區有所聯繫，不同時代情況又往往有變化。第三、即使是在一個部派之內或者說一個傳承系統之中，不同的時候，不同的地區，流行或使用的抄本先後也會有一些大

【一】《那先比丘經》雖然也被算作是佛經，但顯然不是「佛說」，經文中對話的兩位主角，那先比丘（Nāgasena）和彌蘭陀王（Menandros）都是佛陀以後的人物，推測年代大約在公元一世紀至二世紀。

【二】漢譯現存兩種傳本，一種分為二卷，一種分為三卷，收入《大正藏》卷三十二。

【三】Paul Demiéville（戴密微）：Les versions chinoises du Milindapañha, *Bulletin de l'École française d'Extrême-Orient*, XXIV (1924), Hanoi, pp. 1-258.

小不等的變化，包括語言方面的轉變。

因此，根據過去一百多年對佛教經典的研究所得到的結果，我們現在是否應該注意到一點或者是否可以這樣說：佛教經典的來源，最早出自釋迦的教言，但後來卻是從一條線或者一個系統發展為多個系統，一條線發展為多條線，由此而最終形成的一種結果？

這裡我特別想強調的是傳承的系統，這樣的傳承系統，在早期的階段，大多數與部派有關，但往往也涉及到其他的因素。這些傳承系統性質不一，總結起來，大致可以包括幾個方面：

（1）部派的系統（nikāya traditions）。不一定是十八或是二十個部派，但主要的部派都曾經有自己的傳承系統。

（2）地區的系統（regional traditions）。隨著佛教在印度各個地區的傳播，乃至傳出印度，到達中亞或者東南亞，傳承自然有所不同。

（3）教法的系統（doctrinal traditions）。例如所謂大乘或小乘。

（4）學理的系統（philosophical traditions）。例如分別說部、經量部、毗婆沙師等等。

（5）語言的系統（language traditions）。例如原始佛教的語言、包括巴利語在內的各类俗語、梵語等等。

當然，在很多情況下，這些系統互相之間會有所交叉或重疊。

如果我們把視野從印度本土延伸到中亞和中國漢地，更可以看到，大多數佛教的經典，它們最早或者其主要的一部分來自印度，後來有的可能來自中亞，或者是逐漸添加中亞的成分，然後到達中國，然後翻譯成中文，翻譯中又有增刪、修改，甚至添加。然後傳到朝鮮、日本和越南。任何一種經典，如果講其中的element，就有多種element。我們的任務之一，就是找出這些element，並做分析和研究的功夫。

其實，如果我們把視野轉回到中國，我們會發現，中國古代經典的傳承，也曾經有過類似的歷史。例如作為中國文化最基本經典的《尚書》和《詩經》，其早期的流傳過程，與佛教經典產生和流傳的情況其實很有些相似。

三、翻譯還是文本轉換：漢譯佛經的特點

上面說了，一種佛經，往往有多種語言的多種文本，這些文本，如果是同一語言，我們可以看做是文本之間的轉換或者互構，如果是不同語言，其間也就有一個翻譯的過程，實際的情況往往是兩種性質兼具。這在漢譯佛經中表現得尤為明顯。

以般若類經典為例。不管在梵文佛經還是漢文佛經中，般若經典都是一個大類。漢文的《般若經》不僅是最早翻譯的佛教經典之一，而且數量非常多，這包括後漢支婁迦讖翻譯的

十卷本的《道行般若經》、三國吳支謙翻譯的六卷本《大明度無極經》、西晉無羅叉與竺叔蘭翻譯的三十卷本《放光般若經》、西晉竺法護翻譯的三十卷的《光贊般若經》、後秦鳩摩羅什翻譯的二十七卷的《摩訶般若經》與十卷的《小品般若經》以及唐玄奘翻譯的篇幅浩大，集大成的六百卷《大般若經》，再還有許多零星的譯本。[一] 所有這些譯本，雖然都是《般若經》的某一部分，雖然往往稱作同本異譯，但其實源文本大多不一樣，譯者翻譯時對原文文本的處理，往往大相徑庭。這一點，只要做一個對比，就可以看得很清楚。翻譯當然可以說是翻譯，但翻譯的方式和處理的手段各有不同。這中間其實也還是文本的一種轉換。

同樣的情形，在其他類別的經典，例如「寶積部」、「大集部」中間也能看到。

在翻譯的同時，對文本進行更大程度的再加工，轉換特徵更為明顯的例子也有不少。這類的例子在漢譯佛經也很多，例如三國吳康僧會翻譯的《六度集經》、不明譯人的多種《雜譬喻經》、西晉安法欽翻譯的《阿育王經》及蕭梁僧伽婆羅翻譯的《阿育王傳》等等都是。嚴格地講，這一類經典，不是一般的翻譯，而是編譯，或者說改寫，這一類的翻譯，很難或者說不可能找到所謂的原本（source text），但可以在相近文獻中找到相似的來源（parallel source）。最早的文本和原文獻，經過翻譯和大幅度的改編，不管是結構還是內容，都發生了更大程度的轉換和改變。

因此，漢譯佛經生成的過程，雖然可以說是一種語言的文本（source text）轉變為另一種語言的文本（target text）的翻譯，但很明顯，這個過程有一個與一般理解的翻譯不同的特徵，那就是，它不僅僅是翻譯，也包括文本的轉換和再造。相關的很多細節需要我們做更多的考慮和研究。

四、「改治」：文本轉換的另一個例子

「改治」是傳統中國翻譯佛經時使用的一個詞語，它不是指翻譯，而是指對已經翻譯出的文本進行再加工，往往被認為是改譯，但實際上是對已有的譯文進行改寫。「改治」最著名的例子是劉宋時代完成的南本《大般涅槃經》。

《大般涅槃經》本來是印度大乘佛教的經典，原文是一種不太規範的梵文，漢譯本現存三種：

【一】這些早期翻譯的般若類經典，《道行般若經》、《大明度無極經》、《小品般若經》一般又稱為《小品般若》，相當於梵本的《八千般若》（*Aṣṭasāhasrikāprajñāpāramitā*）；《放光般若經》、《光贊般若經》、《摩訶般若經》一般又稱為《大品般若》，相當於梵本的《二萬五千般若》（*Pañcaviṃśatisāhasrikāprajñāpāramitā*）。玄奘的六百卷本則幾乎可以說是《般若經》翻譯的集大成者，雖然除此之外還有一些零星的般若類經典存在。

（1）東晉法顯與印度來華僧人佛大跋陀合譯的六卷本。經題《大般泥洹經》。譯出地點在建康（今南京）道場寺，時間是在東晉義熙十三至十四年（四一七—四一八年）。

（2）北涼曇無讖譯四十卷本。譯出地點在武威，時間是北涼玄始十年（四二一年）。

（3）南本《大般涅槃經》，三十六卷。劉宋僧人慧嚴、慧觀與謝靈運等根據前兩種譯本「改治」而成。經錄裡有時說成是翻譯，其實「改治」與翻譯是有區別的。這部經，舊題「宋代沙門慧嚴等依《泥洹經》加之」，其他古本或作「三藏曇無讖譯，梵沙門慧嚴、慧觀同謝靈運再治」，或作「北涼沙門天竺三藏曇無讖譯，梵宋沙門慧嚴、慧觀同謝靈運再治」，就說得很清楚。「改治」的地點也在建康，準確應該是在元嘉八年（四三一年）新的「改治本」又稱為「南本」，先前的曇無讖在北方譯出的譯本則稱為「北本」。[二]

從內容上講，「南本」比「北本」幾乎沒有差別，只是章節上重新做了劃分，文字上則進行了新的潤飾和改寫，顯得更為通順和雅馴。詳細的對照已經有人做過。從翻譯的角度講，雖然有較多的理由認為「北本」具有較大的權威性，但後代許多人更推重「南本」。

這樣的工作，基本不涉翻譯，只是對譯文的再造。這使漢譯佛經的文本形式更為豐富。但是對於這樣「改治」文本的事，有一點其實值得我們思考，那就是，為什麼古人要費力去做「改治」的工作？這後面是不是有文化價值和取向上的某種考量？

這一問題，涉及的方面比較多，希望有機會再做細緻的討論。

五、一點餘論：翻譯是什麼？

有關漢譯佛經，可以討論的問題還有許多，這裡不能一一討論。最後只是想到問一個問題，就是究竟什麼是翻譯？要回答這個問題，實在很不容易。對「翻譯」一詞的定義，在我看來，不說是人言人殊，也是不同時代，不同的人，往往會有不同的理解。這中間最相關的，是語言和文化的背景。時下討論得比較熱烈，也比較時髦的翻譯學和翻譯學理論，以今論古，以外論中，往往沒有充分考慮到時代、歷史、語言、地域的差距，雖然議論風生，終究難中鵠地。

北宋時代的贊寧，撰寫《宋高僧傳》，其中的卷一至卷三為《譯經篇》，專門記載唐代中期到北宋年間譯經的外國和中國僧人的事跡，最末是贊寧寫的一段總結性的「論曰」。贊寧講：

【一】參見拙文〈略論大乘《大般涅槃經》的傳譯〉，載《季羨林教授八十華誕紀念論文集》（南昌：江西人民出版社，一九九一年），卷下，頁七六九—七八七。

翻也者，如翻錦綺，背面俱花，但其花有左右不同耳，由是翻譯二名行焉。初則梵客華僧，聽言揣意，方圓共鑿，金石難和，椀配世間。擺名三昧，咫尺千里，覿面難通。次則彼曉漢談，我知梵說。十得八九，時有差違。至若怒目看世尊、彼岸度無極矣。後則猛、顯親往，奘、空兩通。器請師子之膏，鵝得水中之乳。內豎對文王之問，揚雄得絕代之文。印印皆同，聲聲不別，斯謂之大備矣。【一】

贊寧是一位學問僧，但他不懂梵語，也從未從事過佛經的翻譯工作，他對「翻譯」一詞的解釋，顯然穿鑿，不足為信，不過他說的「背面俱花，但其花有左右不同」，倒有些像佛經在翻譯過程中所呈現出五光十色，各類形態雜陳的情形。什麼是翻譯，這個問題，不同的人當然可以有不同的理解和解釋。但不管答案是什麼，佛經在兩千多年流傳過程中所形成的多種語言文本，這其中既有印度的，也有非印度的，尤其是其中的漢譯佛經，所有這些，都為我們思考這個問題提供了豐富的事例。

原刊《清華大學學報》（哲學社會科學版），二〇一三年第二期

【一】《宋高僧傳》卷三，《大正藏》卷五十，頁七二三上至中。

略論大乘《大般涅槃經》的傳譯

一

佛教的經典中，「涅槃類」的經典數量不算太少。這一類經典的共同特點是，內容以釋迦牟尼佛涅槃這件事為題材，或者以此為契機，「記載」釋迦牟尼入涅槃前講說的法教以及有關的一些事情，經名往往就題作《大般涅槃經》（*Mahāparinirvāṇasūtra*）。但從大處分，這一類題作《大般涅槃經》或雖未題作此名，內容相似的經典，又可分為大乘《涅槃經》和小乘《涅槃經》兩大類。二者在內容、經典的組織結構，尤其是闡發的教義上差別很大，來源顯然不同。此處則只討論大乘的《大般涅槃經》，而且主要只討論有關現在題作此名的大乘《大般涅槃經》傳譯的一些問題。【一】

二

大乘《大般涅槃經》，完整本今已不存，但近代發現了其梵文殘片，共有九件。一件存日本高野山，最早為日本學者高楠順次郎所發現。高楠在刊印《大正新修大藏經》時，曾在漢譯本有關段落作了標注，並在最後一段附了他所作的拉丁轉寫。【二】其後日本學者湯山明在其 *Sanskrit Fragments of Mahāyāna Mahāparinirvāṇasūtra* 一書中再次轉寫，部分地方作了校正，並

加上英譯等內容。[三]另一件現藏於英國大英圖書館所屬印度事務部圖書館，即所謂的Hoernle

【一】關於這一類經典，要想獲得簡明扼要的介紹，近人的著作中，可參考中村元：*Indian Buddhism: A Survey with Bibliographical Notes*, Tokyo, 1980, Delhi, rep. 1987, pp. 212-215, 365及山田龍城：《梵語佛典之諸文獻》（京都，一九八一年重印本），頁九五。小乘《大般涅槃經》研究作得最好的首推德國學者E. Waldschmidt。他的*Die Überlieferung von Lebensende des Buddha: eine vergleichende Analyse des Mahāparinirvāṇasūtra und seiner Textentsprechungen*, 2 parts, Göttingen, 1944, 1948和*Das Mahāparinirvāṇasūtra: Text in Sanskrit und Tibetisch vergleichen mit dem Pāli, nebst einer Übersetzung der chinesischen Entsprechung in Vinaya der Mūlasarvāstivādins*, 3 parts, Berlin, 1949, 1950, 1951是以在中國新疆吐魯番發現的梵本與巴利文、漢譯《長阿含》中的《遊行經》、西晉的法祖譯《佛般洹經》，失譯《般泥洹經》，所謂法顯譯《大般涅槃經》、義淨譯《根本説一切有部毗奈耶雜事》以及藏譯相互對照，而研究其內容和來源。大乘《大般涅槃經》歐洲學者研究者的人很少，但日本學者研究的較多。見中村元書。從整理文獻的角度看，近年內最主要的出版物是：湯山明：*Sanskrit Fragments of the Mahāyāna Mahāparinirvāṇasūtra*, I. Koyasan Manuscript, Tokyo, 1981以及G. M. Bongard-Levin: *New Sanskrit Fragments of the Mahāyāna* (Central Asian Manuscript Collection at Leningrad), Tokyo, 1986。湯山明亦有很詳細的文獻目錄。關於討論大乘《大般涅槃經》思想內容的著作，從古至今，從古代的經疏到今人的著作，幾乎可以説是無數。但本文基本不涉及其思想內容。

【二】《大正新修大藏經》（以下簡稱《大正藏》）卷十二，頁六〇四。

【三】見注一。

Manuscrpts 之一，編號是 No.143, SA.4。原件來自我國新疆和闐附近，估計是在 Khādalik 出土，在 1903 年前後落入當時駐英國駐喀什噶爾的代理「中國事務特別助理」P. J. Miles 手裡，然後再轉交給 Hoernle。英國學者 F. W. Thomas 作了轉寫和翻譯，刊佈在 Hoernle 所編的 *Manuscript Remains of Buddhist Literature Found in Eastern Turkestan* 一書中。[一] 再有六件，由蘇聯學者 G. M. Bongard-Levin 先是零星，然後集中刊佈在其 *New Sanskrit Fragments of the Mahāyāna Mahāparinirvāṇasūtra* 一書中。六件殘片現藏列寧格勒，屬於所謂的 Petrovsky 藏品。當時是沙俄駐喀什噶爾的領事，他利用這種便利，攫取了大量文物，因此來源也應是新疆和闐附近。[二] 事情確實也如此。再有一件殘片，為 A.Stein 在 Khādalik 所獲得，編號為 Kha-i-89，現藏印度事務部圖書館，恰可與 Bongard-Levin 書中的第二號殘片綴合為一片。[三] 梵文殘片數量雖然很少，與漢譯對照，不過零散的幾個段落，總計分量約略不過百分之一，卻很重要，因為不是譯本，而是一種原本。當然，以後還有可能發現新的梵文殘片。[四]

三

大乘《大般涅槃經》的漢譯現存有三種：一、東晉法顯、佛大跋陀、寶雲等合譯《大般泥洹經》六卷；[五] 二、北涼曇無讖譯《大般涅槃經》四十卷，經錄中有時又作三十六卷，也

【一】原書，Oxford, 1916, rep. St. Leonards-Amsterdam, 1970, pp. 85,93-97。

【二】見 p.33 注一所引 Bongard-Levin 書 , P. XIII。

【三】同上，頁一〇——一二。

【四】梵文佛教文獻 *Ratnagotravibhāga* 中有一處亦曾引用《大般涅槃經》。見上引湯山書中引用各書，頁一五。*Ratnagotravibhāga* 最早有後魏勒那摩提的漢譯，題作《究竟一乘寶性論》卷四。

【五】今大藏經中六卷《大般泥洹經》一般都題作法顯譯，但依《出三藏記集》卷八所載《六卷泥洹經記》，翻譯此經時是印度來華僧人佛大跋陀（佛陀跋陀羅）「手執胡本」，寶雲傳譯，時間是東晉義熙十三年十月一日至十四年一月二日，地點是建康道場寺，未提及法顯。此「出經後記」見《大正藏》卷五十五，頁六〇中。寶雲是中國僧人，亦曾與法顯一起去印度求法，行至弗樓沙而還。見《法顯傳》，《大正藏》卷五一，頁八五七—八五八下。寶雲並譯過《新無量壽經》二卷和《佛所行讚》五卷。不過，當時法顯亦在道場寺，正在翻譯大部頭的《摩訶僧祇律》（以晉義熙十二年歲次壽星十一月，共天竺禪師佛馱跋陀於道場寺譯出，至十四年二月末乃迄。），見《出三藏記集》卷三《新集律來漢地四部序》，《大正藏》卷五十五，頁二一上。我們不確切知道法顯是否直接參加，或參加了多少前者的的翻譯，但梵本是他從印度攜回，他過問或參加翻譯也是可能的。而且《出三藏記集》將此經列在法顯名下，見《大正藏》卷五五，頁一一下。同時《出三藏記集》卷一一《佛大跋陀傳》也講：「其先後所出，《六卷泥洹》，《新無量壽》、《大方等》、《如來藏》、《菩薩十住》、《本業》、《出生無量門持》、《淨六波羅蜜》、《新微密持》、《禪經》、《觀佛三昧經》，凡十一部。」《大正藏》卷五五，頁一一二中。歷代經錄中有題法顯譯者，亦有題佛大跋陀譯者。法顯與佛大跋陀合譯的《摩訶僧祇律》，情形亦頗相似。因此我們現在把此經看作法顯、佛大跋陀、寶雲合譯也許比較合理。

稱作「北本」；三、劉宋慧嚴、慧觀、謝靈運等依以上兩種譯本為基礎，合本對照修治而成的《大般涅槃經》三十六卷，也稱作「南本」。此外，再有一種《大般涅槃經後分》，為唐初南海波淩國僧人般若跋陀羅與中國僧人會寧合譯，被認為也屬於《大般涅槃經》的一部分，即最末一部分。[二] 以上幾種，加上其他相近的一些經典，在漢文大藏經傳統上都收在一起，稱為「大乘涅槃經類」。漢譯的最大優點是完整。此外，譯出的年代早，與傳譯過程有關的記載在文獻中保留頗多，這對瞭解其與早期傳譯的歷史十分重要。而這一類記載又只存在漢文文獻中。

四

藏譯也存兩種：一種是由印度僧人勝友（Jinamitra）、智藏（Jñānagarbha）和天月（Devacandra）所譯。翻譯時間在九世紀，可能是九世紀初。翻譯的本是梵本。另一種從曇無讖的漢譯本轉譯，翻譯時間可能約在十一世紀後半期。[三] 兩種藏譯題名一樣：*phags-pa yoṅgs-su mya-ṅgan-las das-pa chen-povi mdo*。此外，還有從兩種藏譯轉譯的兩種蒙譯。

五

漢文文獻記載，六世紀時，曾有人將漢譯的《大般涅槃經》轉譯成突厥語。《北齊書》卷二十《斛律羌舉傳》：

代人劉世清，祖拔，魏燕州刺史；父巍，金紫光祿大夫。世清武平末侍中開府儀同三司，任遇與孝卿相亞，情性甚整，周慎謹密，在孝卿之右。能通四夷語，為當時第一。後主令世清作突厥語翻《涅槃經》，以遺突厥可汗，敕中書侍郎李德林為其序。【三】

這位突厥可汗，應該就是立於北齊後主武平三年（五二七年）的佗鉢可汗。【四】突厥最初無佛教。《隋書》卷八四《北狄傳》：

【一】有關《後分》，下面將要討論到。

【二】見湯山明書，頁九——一三。

【三】見《北齊書》卷二十，北京中華書局標點本，卷一，頁二六七。

【四】見《資治通鑒》卷一七一，北京中華書局標點本，卷十二，頁五三一四。

齊有沙門惠琳，被掠入突厥中，因謂佗鉢曰：「齊國富強者，為有佛法耳。」遂說以因緣果報之事。佗鉢聞而信之，建一伽藍，遣使聘於齊氏，求《淨名》、《涅槃》、《華嚴》等經，並《十誦律》。【一】

突厥所求的經典中，就有《大般涅槃經》。後主令劉世清翻《涅槃經》為突厥語，即與此事有關。【二】不過，至今未能發現突厥語的《大般涅槃經》的寫本。

六

本世紀初，德國人在中國新疆吐魯番掘獲大量各種古語言的文書，其中有一件粟特文大乘《大般涅槃經》的殘片，原文經德國學者 F. W. K. Müller 轉寫，刊佈在 *Soghdische Texte. II* 一書中。【三】殘片內容相當於曇無讖漢譯本卷三十七迦葉菩薩品第十二之五「業因者，即無明觸，……我當云何斷是果報」一段。【四】殘片背面抄有回鶻文。原件編號 T II Y50b，可能仍藏柏林，根據 Müller 比較的結果，粟特文譯文與漢譯本極為接近。從譯音字看，也不大可能是直接從梵本譯出。因此結論是從漢譯本轉譯而成。現存的從漢譯轉譯出的粟特文佛經的殘本還有一些，這是其中一例。但粟特文譯文中也有與漢譯不完全相合的地方，這使 Müller 推測，粟特文譯者在使用曇無讖本作為翻譯的底本的同時，還利用了另一個文本。這一推測很有意思。

七

為了好說明一些問題，現在將漢譯本與梵本的殘片進行對照。殘片中高野山一件和今藏英國，刊佈的一件段落基本上是完整的，因此我們選作對比的對象。有關段落不算長，我們先列梵文，再列兩種古代漢譯，然後再列根據梵文擬疑出來的現代漢譯。【五】

【一】《隋書》卷八四《北狄傳》，中華書局標點本，卷六，頁一八六五。

【二】據《北齊書》卷八《後主本紀》，後主一代，突厥遣使北齊有兩次，一次在天統二年（五六六年），一次在武平三年。天統二年時，佗缽尚未立為可汗，突厥君主亦無意於佛教，因此此事當係於武平三年。佗缽可汗遣使北齊，遂有譯《涅槃經》為突厥語等事。

【三】*Soghdische Texte. II*, von F. W. K. Müller, aus dem Nachlass herausgeben von W. Lentz, Berlin, 1934, S. 49-54.

【四】《大正藏》卷十二，頁五八五中。

【五】高野山一件梵文經湯山明校正過，見湯山明書。英國一件依 Thomas 刊佈的梵文抄錄，Thomas 只是轉寫原件，基本未在文字上作改動。

（一）高野山梵本

1. 梵文：

(yadā...)mama śrāvaka mahāyānakāṅkṣitās tadā ṣaḍrasavan mahābhojanam iva mahāparinirvāṇaṃ mahāsūtraṃ deśayāmi. tatra katame ṣaḍrasāḥ? duḥkham āmblam anityaṃ lavaṇam anātmakaṃ kaṭukaṃ sukhaṃ madhuraṃ sātmakaṃ kaṣāyaṃ nityaṃ iti. ime ṣaḍrasāḥ kleśendhanena māyā-agninā paripācitaṃ bhojanaṃ mahāparinirvāṇaṃ tattvānnamṛṣṭam mama śrāvakā bhuñjante.

punar aparam bhagini yathā yūyaṃ parāmantraṇena paracūḍākaraṇanimittena vā paragrāmaṃ gantukāmā duṣputrān utsṛjya satputrāṇām guhyābhinidhānāni darśayasi. āma bhagavan duṣputrā anācārā anarthabhāginas teṣāṃ darśayāmi evam ahaṃ bhagini mahāparinirvāṇ agamanakriyāṃ yadā karomi tadā tathāgatavividhguhyaṃ samdhāvacanaṃ śrāvakebhyo niravaśeṣaṃ kathayiṣyāmi. adya putrebhyaś chandaṃ dāsyāmi. yathā tvāṃ bhagini pravāsagrtāṃ duṣputrā mṛteti kalpayanti na cāpi mṛtā. āma bhagavan punar apy āgatānte paśyanti. evam eva bhagini mayā mānityasaṃjñāṃ kārṣīt. adya tathāgataḥ parinirvāsyatīti naivaṃ kalpayitavyaṃ mṛtasaṃjñāvat. ye sadā nityo dhruvaḥ śāśvatas tathāgata iti dhārayanti teṣāṃ tathāgato gṛhe tiṣṭhati. eṣa parādhyāśayo nāma.

pṛcchāvaśā nāma. iha kaścit tathāgatam arhantaṃ samyaksaṃbuddhaṃ paripṛcchet: katham ahaṃ bhagavan kīrtiṃ prāpnuyāṃ loke dāyako viśruta iti. na ca dadyāt kasmiṃscit. tathāgatam evam vadet: niḥsaṅgaṃ pravāraya dāsīdāsaparigraheṇ tyantabrahmacāriṇaṃ kumārīdānena amāṃsabhojinaṃ māṃsabh(ojana...)

2. 法顯等譯本：

道心既增堪受大乘。然後為説此摩訶衍大般泥洹甜苦辛酢鹹淡六味堅實之食。以苦酢味，無常鹹味，非我苦味，悦樂甜味，吾我淡味，常法辛味。以煩惱薪，燃幻行火。熟大般泥洹，口甘露法食。

復次，善女人！譬如姊妹，有諸緣事，捨家出行，詣他聚落，或久不還。汝有二子，一者純善，一者弊惡，臨欲行時，珍寶秘藏，不語惡子，而付善子。女人白佛：實爾，世尊！佛問女人：何故寶藏不語惡子？女人白佛：彼惡子者，所作非義，為放逸行，食用無度，是故不語。其善子者，能立門户，榮顯宗族，是以付之。佛言：應爾，我法亦然。欲入方便般泥洹時，如來寶藏，秘密法要，悉付弟子，不授犯戒諸邪見者。汝今於我為作滅想？為作常想？女人白佛：我於如來作常住想。佛言：姊妹！

如汝所説，應作是觀，莫作滅想。當知如來是常住法，非變易法，非磨滅法。其有眾生，於如來所修常住想者，當知是等家家有佛，是名能正他人。

能隨問答者。猶若有人來問如來：我當云何得大施之名，流聞天下，而不捨財？佛告族姓子：唯有清素，不畜童僕，修持梵行，而樂施彼奴婢妻妾；斷除肉味，而樂施以肉……【一】

3. 曇無讖譯本：

若我聲聞諸弟子等，功德已備，堪任修習大乘經典，我於是經為説六味。云何六味？説苦醋味、無常鹹味、無我苦味、樂如甜味、我如辛味、常如淡味。彼世間中，有三種味。所謂無常無我無樂。煩惱為薪，智慧為火。以是因緣，成涅槃飯，謂常樂我淨，令諸弟子，悉皆甘嗜。

復告女人：汝若有緣，欲至他處，應驅惡子，令出其舍，悉以寶藏，付示善子，不示惡子。女人白佛：實如聖教，珍寶之藏，應示善子，不示惡子。姊！我亦如是，般涅槃時，如來微密無上法藏，不與聲聞諸弟子等，如汝寶藏，不示惡子，要當付囑諸菩薩等，如汝寶藏，委付善子。何以故？聲聞弟子生變異想，謂佛如來，真實滅度，然我真實不滅度也。如汝遠行未還之頃，汝之惡子，便言汝死，汝實不死。諸菩薩等說言如來常不變易，如汝善子，不言汝死。以是義故，我以無上秘密之藏付諸菩薩。善男子！若有眾生，謂佛常住不變異者，當知是家則為有佛，是名正他。

能隨問答者。若有人來問佛世尊：我當云何不捨錢財，而得名為大施檀越？佛言：若有沙門婆羅門等，少欲知足，不受不畜不淨物者，當施其人奴婢僕使；修梵行者，施與女人；斷酒肉者，施以酒肉。……【三】

4. 現代漢譯：

（當）我的聲聞弟子們渴望大乘時，我教給《大般涅槃》大經，它就像一道具備六

【一】《大般泥洹經》卷三《四法品》，《大正藏》卷十二，頁八六八中至下。

【二】《大般涅槃經》卷四《如來性品》，《大正藏》卷十二，頁三八五下—三六六上。

種味道的大食。哪六種味道？苦是酸味，無常是鹹味，無我是苦味，快樂是甜味，有我是淡味，常是辛味。這就是六味。用煩惱作柴，燒幻象火，煮出《大般涅槃經》真理的美食，我的聲聞弟子們享用。

再有，善女人！就如你們被人邀請，或者因為別人剃度，而要去另一處村莊，你避開壞兒子，把秘密寶藏指示給好兒子。……是的，世尊！壞兒子行為不端，不可分給財富，我不指給他們。但好兒子能立持宗族，能榮顯宗族，財富可以託付給他們，我指給他們。……善女人！我也是這樣，當我入大般涅槃時，將把如來種種秘密言教全告訴聲聞弟子們。……我現在將答應兒子們。……就如你，善女人！遠行在外，壞兒子們認為你死了，你當然沒死。……是的，世尊！在我歸來時，他們又看見了（我）。……我也是這樣，善女人！勿謂我無常。如來現在將入涅槃，勿謂涅槃是滅。若有人謂如來是常，是常住，是不變易，如來即在其家。這叫能正他人。

能隨問答者。儻有人問如來阿羅漢等正覺：世尊！我如何能在世上獲得名聲，遠近知名，樂於喜捨？他卻不願施捨於人。他可以這樣對如來說：你把女奴、男奴送給已脫離了世俗的人，把年青的女子送給修梵行的人，把肉做的食物送給不吃肉的人……

我們看到，法顯等的譯文最接近梵本，尤其是前大半部分，句子的次序、內容，幾乎完全能與梵本對應，而且翻譯得明白準確，文字通暢樸實，翻譯水平可以説相當高。但是梵本中母親遠行未歸，壞兒子認為母親已死一段，法顯譯本沒有。相反，法顯譯本中「汝今於我為作滅想」一段問答，在梵本中雖有類似的意思，但沒有這樣表達出來。對比之下，曇無讖的譯本則差別較大，有一些內容梵本沒有，法顯本也沒有。「智慧為火」這一句則用詞迥異。但卻有「遠行」一段，前後次序也與梵本基本相同。「云何六味」這類句子，雖然在上下文中不重要，但從梵本的角度看，卻翻譯得很忠實，説明曇無讖所使用的梵本一定有此一句。最後的一段，如來與人的對話，梵本始終作有人問如來語，兩種古漢譯卻是先有人問，然後如來作答。雖然梵本中如來始終是業格，因此只能理解為受話者，但從文意和上下文看，漢譯是對的，梵本則不通。從梵本譯出的藏譯與漢譯一樣，也可以説明古漢譯的譯者所依據的梵本以及他們對此段落的理解是正確的。【一】相反，高野山梵本在此可能有抄誤。當然，這是任何文字的抄本在傳抄中都會發生的事。

【一】见湯山明書，頁三〇、三二。湯山明書抄錄了藏譯，也有他作的英譯。

（二）Hoernle 梵本

1. 梵文：

...mahāsūtra(ṃ) tathāgatagarbhasaṃdīpakatvāt kṣipra(ṃ) sūtrasthānam adhigantukāmena kulaputreṇa vā kuladdhitrāya vā tathāgatagarbhe bhiyoga karaṇīya. āha sma evam evad bhagavān evam evad bhagvān. tathāgatagarbhabhāvanaṃ yādyahaṃ pauruṣaṃ praveśitāprabhāvita pratibodhitaś cāsmi. āha (sma s)ādhu sādhu kulaputra evam eva draṣṭavyaṃ lokānuvṛttya. āha sma no hīdaṃ bhagavan lokānuvartanā. āha sma sādhu sādhu kulaputra evaṃ gambhīreṇa vṛkṣapuppāhārabhrmaravat dharmāhāreṇa bhavitavyam.

punar aparaṃ kulaputra yathā maśakamūtreṇa mahāpṛthivī naiva tṛ(pyat)e atisvalpatvāt eva maśakamūtravat svalpam ida mahāsūtra loki pracariṣyati. anāgate kale saddharmavināśaparame mahāpṛthivīgatam (maśa) kamūtravat kṣayaṃ yāsyati. ida saptamaṃ nimittaṃ. saddharmāṃntardhānasyāśeṣāṇi saṃninimittāni jñātavya kuśalena.

punar aparaṃ kulaputra (yathā varṣā)su dhvastāsu prathamo hemantamāsa śarad ity ucyate. tasyā śarady upāvṛttāyā meghā tvaritatvaritam abhivṛṣyāpa (varttayanty uṣmaṃ evam idaṃ ma) hāsūtraṃ tvaritavarṣaṇaśaranmeghanirgamanava dakṣiṇāpathaṃ praviśya mahāparinirvbāṇaṃ sarvbe sa(ndh)āvacana dharmamegha...dakṣiṇāpathakānā bodhisatvānā mahāsatvānāṃ. saddharmavināśam ājñāya āsannahe (mantavṛ)ttameghavat kaśmī (rāṃ pra) vi (śya pṛthīvyā)m antardhāsyate. sarvbamahāyānasūtra vaitulyaparamāmṛta saddharm āntardhānāni bhaviṣyantīti. tad idānīm ayaṃ sūtralā(bha) tathāgatājñeyam āgatā sadharmāntardhānāv iti bodhvyam bodhisatvai mahāsatvai narakuṃjarai.

āha sma akhyātu bhagavāṃs tathāgataḥ pratyekabuddhaśrāvaka-bodhisatvadhātunirnnā(nā) karaṇaṃ viśadavispaṣṭārtha (sa)rvbasatvānāṃ sukhavijñānāya. bhagavan avocat: tadyathā kulaputra gṛhapatir vbā gṛapatiputro vā bhūtasya vrajasya nānāvarṇānā gavāṃ svāmi syat. Tatra ca nīlā gāvaḥ syuḥ tā gā(vā) eko gopaḥ pālayet. bhataḥ sa gṛhapati kadācit ātmano devatānimittaṃ...

2. 法顯等譯本：

此摩訶衍《般泥洹經》，無量無邊功德積聚，廣說眾生有如來性。若善男子善女人，欲得疾成如來性者，當勤方便，修習此經。迦葉菩薩白佛言：善哉！世尊！我今修習《般泥洹經》，始知自身有如來性，今乃決定是男子也。佛告迦葉：善哉！善哉！

善男子！當勤方便，學此深法，如蜂採華，盡深法味，譬如迦葉。

蚊蟲津澤，不能令此大地沾洽。如是，善男子！當來之世，眾惡比丘，壞亂經法，無數無量，如高旱地，非此《大乘般泥洹經》所能津潤。所以者何？當知正法滅盡，衰相現故。

復次，善男子！譬如夏末冬初，秋雨連注，溫澤潛伏，如是，善男子！此摩訶衍《般泥洹經》。我般泥洹後，正法衰滅，於時此經流佈南方，為彼眾邪異說，非法雲雨之所漂沒。時彼南方護法菩薩，當持此契經，來詣罽賓，潛伏地中，及諸一切摩訶衍方等契經於此而沒。哀哉是時，法滅盡相，非法雲雨，盈滿世間。修習如來恩澤法雨，護法菩薩，人中之雄，皆悉潛隱。

爾時迦葉菩薩白佛言：世尊！諸佛如來，聲聞緣覺，性無差別，唯願廣說，令一切眾生，皆得開解。佛告迦葉：譬如有人，多養乳牛，青黃赤白，各別為群。欲祠天時，集一切牛，盡轂其乳，著一器中……【一】

3. 曇無讖譯本：

是大乘典《大涅槃經》，無量無邊不可思議功德之聚。何以故？以說如來秘密藏故。是故善男子善女人，若欲速知如來密藏，應當方便，勤修此經。迦葉菩薩白佛言：世尊！如是如是如佛所說，我今已有丈夫之相，得入如來微密藏故，如來今日，始覺悟我，因是即得決定通達。佛言：善哉！善哉！善男子！汝今隨順世間之法而作是說。迦葉復言：我不隨順世間法也。佛讚迦葉：善哉！善哉！汝今所知，無上法味，甚深難知，而能得知，如蜂採味，汝亦如是。

復次，善男子！如蚊子澤，不能令此大地沾洽，當來之世，是經流佈，亦復如是。如彼蚊澤，正法欲滅，是經先當沒於此地。當知即是正法衰相。復次，善男子！譬如過夏初月名秋，秋雨連注，此大乘典《大涅槃經》，亦復如是。為於南方諸菩薩故，當廣流布，降注法雨，彌滿其處。正法欲滅，當至罽賓，具足無缺，潛沒地中，或有信者，或不信者，如是大乘方等經典，甘露法味，悉沒於地。是經沒已，一切諸

【一】《大般泥洹經》，卷六《問菩薩品》，《大正藏》卷十二，頁八九五上。

餘大乘經典，皆悉滅沒。若得是經，具足無缺，人中象王，諸菩薩等，當知如來無上正法，將滅不久。

爾時文殊師利白佛言：世尊！今此純陀，猶有疑心，唯願如來，重為分別，令得除斷。佛言：善男子！云何疑心？汝當說之，當為除斷。文殊師利言：純陀心疑，如來常住，以得知見佛性力故。若見佛性而為常者，本未見時，應是無常，若本無常，後亦應爾。何以故？如世間物，本無今有，已有還無，如是等物，悉是無常。以是義故，諸佛菩薩，聲聞緣覺，無有差別。爾時世尊即說偈言：本有今無，本無今有，三世有法，無有是處。善男子！以是義故，諸佛菩薩，聲聞緣覺，亦有差別，亦無差別。文殊師利讚言：善哉！誠如聖教，我今始解諸佛菩薩，聲聞緣覺，亦有差別，亦無差別。

迦葉菩薩白佛言：世尊！如來所說，諸佛菩薩，聲聞緣覺，性無差別，唯願如來，分別廣說，利益安樂，一切眾生。佛言：善男子！諦聽！諦聽！當為汝說。善男子！譬如長者，若長者子，多畜乳牛，有種種色，常令一人，守護將養。是人有時，為祠祀故，盡搆諸牛，著一器中。……【二】

4. 現代漢譯：

因為啟示如來藏，這部大經……想迅速理解這部經典的族姓子和族姓女應該在如來藏上精勤努力。（迦葉）說：是這樣，世尊，是這樣，世尊！我今知道我具如來藏，有男子氣。……（佛）說：善哉！善哉！族姓子！依世間法，作如是觀。……（迦葉）說：世尊！此不依世間法。……（佛）說：善哉！善哉！族姓子！要獲得佛法的深刻道理，就如同蜜蜂採集樹上的花蜜。

再有，族姓子！當雨季過去，冬天的第一個月，叫做秋天。秋到來時，而帶來雨，將熱氣除去。如同秋雨帶來很快就過去的陣雨，這部大般涅槃大經流傳到南方，為南菩薩大士……所有秘密言教。知正法將滅，它如同冬天來臨時出現的雲，來到克什米爾，將隱沒在地中。所有大乘經典，方等精妙甘露妙法都將隱沒。於是菩薩大士、人中之雄知道，妙法隱沒，是如來教命，經典利益。

……（迦葉）說：為使眾生開解，請世尊如來詳說辟支、聲聞、菩薩性無差

【一】《大般涅槃經》，卷九《如來性品》，《大正藏》卷十二，頁四二二中至下。

別。……世尊說：族姓子！譬如一位家主，或是家主的兒子，他的牛棚中有各色的奶牛。假設其中有青色牛。有一牧人守護牛群。這位家主有一次為了自己的神祇……

我們看到，這一段梵文有很多抄寫錯誤，其中個別的也可能屬於佛教梵語中某些特殊現象。後者涉及的問題比較複雜，超出了本文的範圍，因此不論，不過原文的意思還是清楚。和兩種古代漢譯相照，整個地講起來，同樣的，梵本與法顯本較為接近，但一些句子有出入。曇無讖的漢譯則多了「文殊師利白佛言」一大段內容。可是有好些地方，在句子的結構和表達形式上，法顯本與梵本不一致時，曇無讖本卻與梵本正好接近或完全一樣，例如「復次」的位置，「當知即是正法衰相」，「過夏初月名秋」，「甘露法味」幾句以及「譬如長者，若長者子」一段。梵文有的內容，法顯本完全沒有，但曇無讖本卻有，例如佛和迦葉關於「隨順世間法」的兩句對話。我們在前面根據高野山梵本所作的對照中也有類似的情況。如果我們以梵本為標準，我們只能就主要段落和內容作判斷，說法顯本比曇無讖本較為接近梵本。就此我們也許可以說法顯等翻譯的比較「忠實」，但同時我們也很難說曇無讖就翻譯得不忠實，因為也有不少梵本中有的句子和內容在法顯本裡找不到，或意思上有程度不等的差異，卻能在曇無讖本裡找到，而且翻譯得也很忠實，有時也許更忠實。【二】至少沒法隨便地說誰忠實誰不忠實。從內容上講，我們總的印象是，梵本與漢譯本基本一致，梵本有的內容，漢譯都有，但漢譯中有些內容，梵本卻沒有。原因何在？漢譯中出的內容，有的地方，或者可以解釋為是譯者在翻譯時為了補足文意，或是為了使譯文明白易懂，而增補進一些類似於解釋的詞句。但這種詞句比較容易地看得出來。【二】有的地方完全與理解文意無關，例如曇無讖本多出的大段內容，不能說是這種情況。如果說是譯者別有用意的增補，用意是什麼？其來源又在何處？這都很難回答。在沒有確實的根據前，我們只好說譯者所據的原本如此。也就是說，曇無讖的原本不全同於法顯的原本，現存梵本殘文則又抄自另一種或兩種抄本。這種情況是可能的，而經錄和僧傳中有關的記載也傾向於說明這一點。

【一】我們可以再舉一個例子。梵本中 dakṣiṇā-pathakāna bodhisatvāna mahāsatvānaṃ 是複數屬格用作為格，這是佛教梵語中常見的一種現象，見 F. Edgerton, *Buddhist Hybrid Sanskrit Grammar and Dictionary*, Vol.I, 7.63, P.46, rep. Delhi, 1985。曇無讖譯作「為於南方諸菩故」就很適合。相反，連 F. W. Thomas 這樣的專家對此的理解和翻譯都非常勉強。法顯等有關的譯文完全是另一意思，但我們不知道法顯攜回的原本究竟怎樣。

【二】有這種「嫌疑」的句子在曇無讖本中可以找到一兩處，如「彼世間中，有三種味，所謂無常無我無樂」，「謂常樂我淨」。這只是從上下文中語氣看，顯得比較突兀，現在還沒有其他的根據。

八

高野山的殘片，日本傳説是空海所抄。但這一説法有人表示懷疑，認為空海僅僅是從中國帶到日本。空海的中國求法，是在唐貞元二十年至元和元年間（八〇四—八〇六），他回國後創日本真言宗，在日本歷史上被尊為聖人。這件殘片，湯山明認為有可能是九世紀前在中亞所抄的抄本，但又説也可能是空海在中國所抄。【一】不過，這些都是推測。殘片是紙質，上面的字體是唐代及唐以後在中國、日本熟見的悉曇體。由此看來，時代不會太早。【二】

新疆出土的殘片，英國印度事物部圖書館的那一件，根據 Thomas 的介紹和已刊佈的半面照片，原件是紙質，一面七行，字體是直體婆羅謎，正面還隱約有原來的標碼，標碼是一六二。列寧格勒的那六件，也都全是紙質，字體也是直體婆羅謎，五葉為七行，一葉為九行，原件大小不一。從各方面看，幾件殘片不屬於同一抄本。英國的另半葉殘片，每面七行，其他與此同。從紙質這一條看，原件不會來自印度。從字體看，大約是在六七世紀所抄寫，抄寫地點在中亞。【三】

我們再看法顯本的來源，原本當然早已不存，但從文獻可以找到一些記載。法顯自撰的《法顯傳》講，法顯在中天竺巴連弗邑尋得許多經典，其中就有「一卷《方等般泥洹經》，可五千偈。」【四】《出三藏記集》卷八所載《六卷般泥洹記》記載：

> 摩揭提國巴連弗邑阿育王塔大王精舍優婆塞伽羅，先見晉土道人釋法顯遠遊此土，為求法故，深感其人，即為寫此《大般泥洹經》如來秘藏，願令此經流佈晉土，一切眾生悉成平等如來法身。【五】

法顯赴印求法，是在東晉隆安三年（三九九年），返回中國在義熙八年（四一二年），因此，他得到這部梵本是在五世紀初。梵本帶回不久，就被譯成漢文：

【一】見湯山明書，頁七。

【二】山田龍城認為是八世紀的書體，前引書，頁一四。

【三】Bongard-Levin 書，p. XVII-XVIII。

【四】《大正藏》卷五一，頁八六四中。

【五】《大正藏》卷五五，頁六〇中。開譯時間《出三藏記集》卷二稍異，作「晉義熙十三年十一月一日」。同書卷，頁一一下。這可能是個小錯誤。

義熙十三年十月一日，於謝司空寺所立道場寺，出此《方等大般泥洹經》，至十四年正月二日校定盡訖。禪師佛大跋陀手執胡本，寶雲傳譯，於時坐有二百五十人。【一】

義熙十四年即四一八年。再看曇無讖的原本。據《出三藏記集》卷十四的《曇無讖傳》，曇無讖是中天竺人，少年出家，初學小乘及五明諸論，「後遇白頭禪師」。白頭禪師是大乘僧人，曇無讖與他辯論：

交爭十旬，讖雖攻難峰起，而禪師於終不肯屈。讖服其精理，乃謂禪師曰：頗有經典可得見否？禪師即授以樹皮《涅槃經》本。【二】

這講的是他最初學的《涅槃經》從何處來。樹皮抄本，在古代印度西北，尤其克什米爾一帶最多，這說明曇無讖可能是在印度西北或中亞開始學習這部經典的。傳記繼續講他由於得罪了國王，不得不逃亡：

乃齎《大涅槃經》本前分十二卷並《菩薩戒經》、《菩薩戒本》奔龜茲。龜茲國多

小乘學，不信《涅槃》，遂至姑藏。【三】

姑藏，又作姑臧，即今武威。當時割據河西的是北涼沮渠蒙遜。曇無讖得蒙遜接待，「學語三年」，然後開始翻譯，首先就翻譯這《大般涅槃經》，先只譯了前分：

讖以《涅槃經》本品數未足，還國尋求。值其母亡，遂留歲餘。後於于闐更得經本，復還姑臧譯之，續為三十六卷焉。【四】

依照慧皎《高僧傳》卷二《曇無讖傳》，在于闐取經本有兩次：

【一】《大正藏》卷五五，頁六〇中。開譯時間《出三藏記集》卷二稍異，作「晉義熙十三年十一月一日」。同書卷，頁一一下。這可能是個小錯誤。

【二】《大正藏》卷五五，頁一〇二下。

【三】同上，頁一〇三上。

【四】同上，頁一〇三中。

後於于闐更得經本中分，復還姑臧譯之。後又遣使于闐，尋得後分，於是續譯為三十三（六）卷。【一】

譯出的時間，慧皎講是北涼玄始三年（四一四年）開始，十年結束。前一個時間可能有些疑問，不過玄始十年（四二一年）一說各家記載一致。由此我們知道，曇無讖的譯本，前半部分（前分）是他自己從印度和中亞帶來，後半部分（中分和後分）則來自于闐。

幾乎與曇無讖譯經的同時，另一位中國求法僧智猛在印度也尋得一部原本。《出三藏記集》卷十五《智猛傳》講智猛到了印度：

後至華氏城，是阿育王舊都。有大智婆羅門，名羅閱宗，舉族弘法。王所欽重，造純銀塔，高三丈。沙門法顯先於其家已得《六卷泥洹》。及見猛問云：秦地有大乘學不？答曰：悉大乘學。羅閱驚嘆曰：希有！希有！將非菩薩往化耶？猛就其家得《泥洹》胡本一部，又尋得《摩訶僧祇律》一部及餘經胡本。誓願流通，於是便反。以甲子歲發天竺，同行四僧於路無常，唯猛與曇纂俱還於涼州，譯出《泥洹》本，得二十卷。【二】

甲子歲即宋文帝元嘉元年，即四二四年。照這一段記載，智猛所得，則與法顯幾乎完全一樣。可惜智猛的譯本早已不存。【三】

總體說來，幾種漢譯，甚至一種漢譯之中，原本來源不一，但抄寫和翻譯的年代都比現存的梵本抄成的時間早。

藏譯的時間晚。我們不知道原本從哪裡來，從印度和中亞的可能性都有。

【一】《大正藏》，卷五〇，頁三三六中。

【二】同上，卷五十五，頁一一三下。《出三藏記集》卷八所載「未詳作者」的《大般涅槃經》說法有些不同：智猛在印度尋得胡本回國後，「暫憩高昌」。後曇無讖至涼州，沮渠蒙遜「遣使高昌，取此胡本，命讖譯出。」曇無讖譯時「知部黨不足，訪募餘殘，有胡道人應期送到此經。」同上，頁六〇上。但這一說法，自身的疑點很多，僧祐當時就有懷疑。又《隋書》卷三十五《經籍志》載一說法，略近於此，謂智猛在高昌譯《泥洹》二十卷，曇無讖至，沮渠蒙遜「遣使高昌取猛本，欲相參驗，未還而蒙遜破滅。姚萇弘始十年，猛本始至長安，譯為三十卷。」中華書局標點本，第四冊，頁一〇九七—一〇九八。這一說法在時間上更混亂。智猛甲子歲從印度出發時，曇無讖已譯完《大般涅槃經》。又隋灌頂《大涅槃經玄義》卷下的說法亦類似於此。見《大正藏》卷三十八，頁一四上至中。

【三】僧祐編《出三藏記集》時，就未見到智猛所譯《般泥洹經》，見僧祐書卷二，《大正藏》卷五五，頁一二下。此外，智猛譯文有二十卷，法顯等只有六卷，分量差別很大，使人有些不解。

九

大乘《大般涅槃經》在漢地的譯出，其間的過程，可以說得比較清楚。但它在印度出現在什麼時候，卻不清楚。這一點，在印度，迄今為止，沒有任何直接相關的文獻或材料可以說明。只是經文本身提供了一點線索。過去的研究者試圖據此作出一些推斷。曇無讖譯本卷六：

> 若我正法餘八十年，前四十年，是經復當於閻浮提，雨大法雨。【一】

又卷七：

> 我般涅槃七百歲後，是魔波旬，漸當沮壞我之正法。【三】

又卷九：

> 我涅槃後，正法未滅，餘八十年，爾時是經於閻浮提，當廣流布。【三】

照此暗示，我們似乎可以得到的一個結論是，這部經典開始形成，是在釋迦牟尼佛涅槃後七百年，然後在正法未滅前廣泛流傳。但釋迦牟尼究竟什麼時候入的涅槃，準確的年代我們今天並不知道。種種說法，差別很大。許多種說法中，一直比較被人接受的是公元前五世紀（約在公元前四八六年，一般稱為 Corrected Long Chronology）。最近更多一些學者傾向於接受一種較晚的說法，即公元前四世紀（約公元前三八三年，一般稱為 Short Chronology）。【四】不過，即使我們真正準確知道釋迦牟尼在什麼時候涅槃，經文中的這類關於年代的暗示，也只能作為暗示而已。多數學者據此而得出的結論是公元後四世紀甚至更晚。【五】

【一】《大正藏》卷十二，頁三八九中。

【二】同上，頁四〇二下。

【三】同上，頁四二一下。

【四】有關佛滅年代的討論，文章很多。一九八八年在德國哥廷根還專門召開過一次學術會議，討論這一問題。當然沒有肯定的結論。見 H. Bechert: The Problem or the Determination of the Historical Buddha, *Wiener Zeitschrift für die Kunde Südasiens*, Band XXXIII, 1989, pp. 93-120。

【五】見中村元前引書，頁二一一二。

更準確的判斷是不可能的。分析經文的內容，結合這一時期前後印度政治、社會和佛教本身發生的變化來看，這種結論也有道理。在印度，這是比笈多王朝稍早或相當於笈多王朝初期。如果這是指「大本」，可能如此，因為法顯本、曇無讖本、智猛本的翻譯都在此之後。但從經錄中可以證實還有比這更早的某種大乘《大般涅槃經》。

十

《出三藏記集》卷三記載，後漢支婁迦讖翻譯的佛經中，有一種《胡般泥洹經》，一卷，但僧祐本人未見到原書，標注為「今闕」。【一】當然，單憑經名，我們難說它屬於大乘涅槃經還是小乘涅槃經，而且究竟是哪一種。《歷代三寶記》卷四把經名改為《梵般泥洹經》，並說明：「舊錄云『胡般』，今改為『梵』。初出。或二卷。見朱士行《漢錄》及《三藏記》。」【二】費長房所引，經錄多了一種朱士行的《漢錄》，它不可能是朱士行所編，但是，是南北朝時出現的一種經錄。【三】《大唐內典錄》卷一及《開元釋教錄》卷一略同：「《梵般泥洹經》二卷，或一卷。初出，與《大般涅槃經》等同本。」【四】是否就與《大般涅槃經》同本，我們沒有把握。但從支讖譯經，特點是全譯大乘經這一點來看，說它是一種大乘的《涅槃經》大致可信。

《出三藏記集》同卷又記載，吳支謙譯有一種《大般泥洹經》二卷。僧祐說明：「安公云出《長阿含》，祐案今《長阿含》與此異」。【五】若是出《長阿含》，那就是小乘《涅槃經》了。但僧祐見到了原書，他將能見到的幾種《大般涅槃經》作了對照，認為支謙所譯「與《方等般泥洹》大同」，【六】他指的是西晉竺法護所譯的二卷本《方等泥洹經》，今《大正藏》本題作《方等般泥洹經》。但《歷代三寶記》卷五的說法稍不同：「此略大本序分《哀嘆品》為二卷，後三紙少異耳。見竺道祖《吳錄》。」【七】「大本」就指曇無讖譯的大乘《大般涅槃經》，《哀嘆品》正在序分內。兩種說法，哪種正確？支謙本今不存，我們無法再作對比。考慮到竺法護

【一】《大正藏》卷五五，頁六中。僧祐又標注：「其《古品》以下至《內藏百品》凡九經，安公云似支讖出也。」其中包括這部《胡般泥洹經》。因此，如果謹慎些考慮，此經是否支讖所譯稍有疑問，不過年代大大早道安是肯定的。《出三藏記集》卷一三《支讖傳》：「又有《阿闍世王》、《寶積》等十部經，以歲久無錄。安公挍練古今，精尋文體，云似讖所出。」同書卷，頁九五下。

【二】《大正藏》卷四九，頁五三上。

【三】費長房引用的朱士行及竺道祖等經錄，可能又根據的是他當時所見隋以前的幾種經錄。

【四】《大正藏》卷五五，頁二二三下、四八七下。

【五】同上，頁六中。

【六】同上，頁一四上。

【七】《大正藏》卷四九，頁五七上，《大唐內典錄》等同。

譯本一開始也是「哀泣品」，支謙本本身內容也少，因此在僧祐說二者「大同」時，竺道祖的《吳錄》說是「大本」的節略，兩人可能都有道理。但總之，這是一種大乘《大般涅槃經》。

再有一種《大般涅槃經》，僧祐未記，也見《歷代三寶記》卷五：「《大般涅槃經》，二卷。略大本前數品為此二卷。見竺道祖《魏錄》。」【二】譯者是安法賢。安法賢事跡不清楚。只知道是三國魏時來中國的外國僧人，從名字可以知道是安息國人。如果依照這一記載，我們可以把這部經同樣看作是大乘《大般涅槃經》的一種或一部分。

再有就是竺法護所譯的《方等泥洹經》。據《出三藏記集》卷二，「或云《大般泥洹經》，太始五年七月二十三日出。」，即二六九年。【三】從內容和篇幅上看，我們不能說它與法顯、曇無讖等譯的《大般涅槃經》同本，但它是早期譯出，現存的一種大乘的《大般涅槃經》。

這幾種早期譯出的都題作《大般涅槃經》的漢譯大乘經，除最末一種，經本都已不存，但經錄中的記載說明，早在後漢或稍遲一些時候，在漢已經開始在傳譯屬於大乘的《大般涅槃經》。如果設定第一種《大般涅槃經》確是支讖所譯，支讖到中國是後漢桓帝建和年間，譯經當稍後。他是漢地翻譯大乘經典的第一人，這個時間在公元二世紀後半。支謙、法賢活動的時間在三世紀前半時，竺法護的時間也只稍晚十多二十年。他們的時代都在四世紀以前，這說明在此之前，也許應該更往前提早一點，在印度或中亞，已經出現具有某些大乘思想內容的，以釋迦牟尼涅槃為題材，以《大般涅槃經》為經名的經典。這個時期在印度笈多王朝時期之前。後來出現的法顯、曇無讖等所據以譯出的《大般涅槃經》，雖然在內容上與前者有相當的差別，但兩者應該有一定的聯繫，因為都屬於大乘僧人們利用舊有的題材，構造出來的新的經典。支讖、法賢、支謙的譯本究竟怎樣，我們今天已難以知道。這麼早的譯本，即使與今天能見到的《大本》的某些章節有相似之處，但差別肯定很大。我們也許可以把它們看作一種原始形態的大乘《大般涅槃經》。【三】

十一

上面討論的大乘《大般涅槃經》，總起來說，法顯等所譯，屬於所謂的「前分」或者

【一】同上注，頁五六下，《大唐內典錄》等同。

【二】《大正藏》卷五五，頁八。法顯也譯有一種兩卷本的《方等泥洹經》，但其本不存。同書，頁一一下。兩種書或是同本異譯。

【三】在隋以後的經錄中，常把支讖本列為「初出」，法賢本列為「二出」，支謙本列為「三出」，往下是法顯本、曇無讖本、智猛本，依次排列。見智昇《開元釋教錄》各卷，《大正藏》卷五五，頁五〇七中、五一九下、五二一中、五九一上、六二四下。但因為前三種譯本在隋以前已佚。僅僅憑此而說它們與後三種譯本是「同本」，同到什麼程度，我們沒有把握。

叫「初分」，相當於曇無讖譯本的前十卷，即從《壽命品》至《一切大眾所問品》，讖譯的後三十卷，稱作「後分」。但當時就有人認為，曇無讖所譯還不完全，《大般涅槃經》還有一個「後分」。《出三藏記集》卷十四《曇無讖傳》末尾講：

初讖譯出《涅槃》，卷數已定，而外國沙門曇無發云：此經品未盡。讖常慨然，誓必重尋。蒙遜因其行志，乃偽資發遣厚贈寶貨。未發數日，乃流涕告眾曰：「讖業對將至，眾聖不能救也！以本有心誓，義不容停。行四十里，遜密遣刺客害之。時年四十九歲，眾感慟惜焉。」【一】

這是一個悲劇性的結局。但尋找「後分」的事業並未結束。《大般涅槃經》傳到南方後，講習極盛，南方的僧人更有心要尋到「後分」：

後道場寺慧觀志欲重求後品，以高昌沙門道普，常遊外國，善能胡書，解六國語，宋元嘉中，啟文帝，資遣道普，將書吏十人，西行尋經。至長廣郡，般破傷足，因疾遂卒。普臨終嘆曰：《涅槃》後分，與宋地無緣矣。【二】

這仍然是一個令人嘆息的結局。但中國僧人仍沒忘掉「後分」。事隔兩百餘年，到了唐初，另一位中國求法僧會寧在去印度的途中，在南海波淩國與一位印度僧人合譯出一種《大般涅槃經》的「後分」。武周明佺等編撰《大周刊定眾經目錄》卷二著錄：「《大般涅槃經荼毗分》二卷，一名《闍維分》」。這就是「後分」，譯本現存，就題作《大般涅槃經後分》，《大周錄》並有說明：

> 大唐麟德年中，南天竺僧若那跋陀共唐國僧會寧，於日南波淩國譯。儀鳳年初，交州都督梁難敵附經入京。至三年，大慈恩寺主僧靈會於東宮三司受啟所陳聞，請乞施行。三司牒報，逐利益行用。長安西太原寺僧慧立作序。至天冊萬歲元年十月

【一】從南北朝至唐，《大般涅槃經》講習極盛，甚至出現專講此經的「涅槃師」。中國僧人的注疏中就常有提到未譯出的「後分」。如隋慧遠《大涅槃經記》卷一，《大正藏》卷三七，頁六一四下；隋灌頂《大涅槃經疏》卷三三，《大正藏》卷三，頁二三〇上；雖然後者引的是一部疑偽經。

【二】《大正藏》卷五五，頁一〇三中

二十四日。奉敕編行。【一】

會寧有一小傳，在義淨撰寫的《大唐西域求法高僧傳》中。但就在這篇小傳裡，義淨對這個「後分」的性質表示懷疑。《大唐西域求法高僧傳》卷上：

（會寧）爰以麟德中杖錫南海，泛舶至訶陵州。停住三載，遂共訶陵國多聞僧若那跋陀羅於《阿笈摩經》內譯出如來焚身之事，斯與大乘《涅槃》頗不相涉。然大乘《涅槃》西國淨親見目云其大數有二十五千頌，翻譯可成六十餘卷。檢其全部，竟而不獲，但初得《大眾問品》一夾，有四千餘頌。【二】

義淨與若那跋陀羅、會寧等是同時的人，他不僅為會寧撰寫傳記，也列名參加過上面引到的《大周錄》的編訂，他有此疑問，並以他在印度見到的一個梵本作為證據，使人不得不注意他的看法。稍晚一些的智昇在著錄這個「後分」時就在經名之後引了上面《大唐西域求法高僧傳》中的這一段內容，然後寫道：

今尋此經，與《長阿含》初分《遊行經》少分相似，而不全同。經中復言法身長存，常樂我淨，佛菩薩境界，非二乘所知，與《大涅槃》義理相涉。經初復題《陳如品末》，文勢相接。且編於此，後諸博識者詳而定之。【三】

然而我們今天讀這個「後分」，得到的印象還是與智昇一樣，仍然很難解決這個問題。在沒有更多的材料以前，我們也無法作出更新的結論。【四】只是我們如果相信會寧的譯本，又相信義淨的話，是否有這樣一種可能：在義淨當時，也就是公元七世紀後期，在南海地區流行的一種《阿笈摩》，其中關於佛涅槃諸事一部分，已經攙進了相當多的大乘思想內容，以致與大乘相近或一樣，因此會寧等會把它看作是大乘《大般涅槃經》的一部分，而義淨卻認

【一】《大正藏》卷五五，頁三八五中。

【二】《大唐西域求高僧傳校注》（北京：中華書局，一九八五年），頁七六——七七。

【三】《大正藏》卷五五，頁五九一上。

【四】關於會寧譯本的來源，最大的問題是至今沒有發現相關的梵本或有其他記載。譯自梵本的藏譯也沒有這一部分。有關的藏譯轉譯自漢譯。因此使人覺得有些可疑。但譯自梵本的藏譯也沒有曇無讖本的「後分」部分。

為它屬於《阿笈摩》。而義淨在印度及南海前後二十餘年，廣求經本，他在印度也只見到一個「前分」，既未見到曇無讖本的「後分」，也認為會寧等所譯屬於《大般涅槃經》，以及前後分在漢地及西藏傳譯的歷史，說明《大般涅槃經》本身就是分別流行，流行的時間、地區，甚至前後的內容上也不同。《阿笈摩》傳統上屬於小乘的經典，大乘的思想滲入其中，是否又說明當時在印度和南海一帶佛教中大小乘在互相混融？從印度佛教發展的歷史和其他的史料看，作這樣的推論，似乎不是不可能的事情。

十二

在佛教的發展史上，大乘的出現和演變，大乘經典本身起著很重要也許是最重要的作用。大乘作為一種思潮，從原始佛教和部派佛教中發展出來，它正式形成的標志，可以說就是一批大乘經的出現。【二】大乘佛教思想在印度的發展，呈現出一種層次性，即不同的大乘佛教學說與理論是漸次發展出來的。這種層次也反映在經典形成的歷史中。一類經典中，可以有早期經典，然後逐漸發展，出現新的、更「完整」的經典；一種經典，也可以在出現以後，在流傳中逐漸被改動、增補和發展，最後形成一種或數種與早期出現的文本具有程度不一的差別的文本。認為佛經就是釋迦牟尼說教的直接記錄固然已是一種誤解，認為一種佛經出於一人或一群人之手，一經出現，便有定本，多數情況下，也還是誤解。可以肯定地說，因為口傳，也由於隨時在改動，除了基本格式以外，佛經，尤其是較早的佛經根本沒有或極少有「定本」。抄本出現以後，情況也許稍好一些，但還是沒有根本的改變。這就是為什麼我們今天會有這麼多即使是同一類或同一經名的一種經典，卻有似相同又不同的文本的緣故。反映在漢譯，是同樣的一種情況。最早的漢譯佛經，估計比較多的是從中亞或印度西北的古語言

【一】關於大乘的早期歷史，有很多問題還不清楚。近二三十年中，很多學者，尤其日本學者把大乘起源與在家信徒的影響的增長以及佛塔崇拜聯繫在一起。如比利時學者 É. Lamotte 和日本學者平川彰。É. Lamotte: Der Mahāyāna-Buddhismus, *Die Welt des Buddhismus*, hrsg. von H. Bechert und R. Gombrich, München, 1984, s. 90；平川彰：The Rise of Mahāyāna Buddhism and its Relationship to the Worship of Stūpas, *Memoirs of the Research Department of the Tokyo Bunko*, 22, Tokyo, 1963, pp. 57-106。但大乘佛教的出現，實際上恐怕主要還是佛教僧人自身對佛教理論發展的結果。這與大乘經典的編撰就有很密切的關係。大乘佛教的一個特點就是特別重視經典，幾乎所有的大乘經都強調讀誦，書寫，流通經典的好處。參見 G. Schopn: The Phrase "sa pṛthivīpradeśaś caityabhūto bhavet" in Vajracchedikā: Notes on the Cult of the Book in Mahāyāna, *Indo-Iranian Journal*, 17 (1975) pp.147-181; R. Gombrich: How the Mahāyāna Began, *The Buddhist Forum*, Vol.1, ed. by T. Skorupski, London, 1990, pp. 21-30; P. Williams: *Mahāyāna Buddhism: The Doctrinal Foundations*, London and New York, 1990, pp. 20-26。

的文本翻譯過來，原本的情況就很複雜，加上初期翻譯，各方面條件不成熟，因此漢譯本的情況也很複雜，甚至可以說是混亂。後來梵本逐漸增多，不僅外國人帶來，中國求法僧人也可以直接到達印度本土，取回經本，然後翻譯，翻譯的水平也漸臻完善。但梵本的情況仍然是不一定就有定本，譯成漢本有時仍然會有差異。【一】

就大乘《大般涅槃經》而言，原本傳來，有不同的來源，時間不完全一樣，篇幅，也包括部分內容也不一樣，因此導致出現不同的漢譯本。在原本今天基本不存的情況下，這反過來也可以使我們部分地推測原本當時的狀況和流傳的情形。我們看到《大般涅槃經》的經文本身，前後就不一致。例如中國佛教史上曾經引起激烈爭論的「一闡提」是否也有佛性的問題，在前分與後分中說法就不一樣。法顯只尋到前分，翻譯出來的也只是這一部分內容，其中講眾生皆具「菩提因」，唯獨「除一闡提輩」。【二】曇無讖的譯本，在前分中也還把「一闡提」排除在「能作菩提因緣」之外，但後三十卷中的翻譯就發生了變化，明明白白講「於一闡提，心無差別」以及「及一闡提，悉有佛性」。【三】譯本傳到南方，當時在南方因主張此說而被驅擯出僧眾之列的竺道生才由此而得到「平反」。

同一部經，前後說法不一，表明是不同的人，在不同的時候寫成，因此也不在一起流傳。經典本身就是發展。【四】佛教經典原本和漢譯的關係，是一個非常複雜的問題。通過將原存梵本或巴利本與漢譯，有時還有必要將其他文字的古譯本包括進來一起進行對照，再結合漢文文獻中其他有關的記載，探討經典本身在不同時期發展的歷史，其中有很多不易解決的

【一】例如《法華經》。現存梵本大乘經中抄本最多的大概要算《法華經》。不同來源的梵本《法華經》在文字和內容有差別，有時差別相當大。梵本本身很早就已經依不同的系統分別在印度、中亞、克什米爾和尼泊爾流行。見 **H. Bechert: Remark on the Textual History of** Saddhamapuṇḍarīka, *Studies in Indo-Asian Art and Culture*, Vol.2, Śatapiṭaka Series, Vol. 96, New Delhi, 1973, pp. 21-27。

【二】卷六，《大正藏》卷一二，頁八九一下—八九四上。

【三】卷九、一五、一六、二〇、二二，《大正藏》同上，頁四一七下、四五四上、四五九上、四八二中、四八八中、四九三中。

【四】道朗《大涅槃經序》後有一段講《大涅槃經》，「如來去世，後人不量愚淺，抄略此經，分作數分，隨意增損，雜以世語，緣使違失本正。」《大正藏》卷五五，頁五九下—六〇上。這其實反映的就是經典本身變化的情況。這一段文字不一定是道朗所寫，實際出自《大般涅槃經》本身。見法顯本卷六和曇無讖卷九，《大正藏》卷十二，頁八九四下，四二一下。

困難，但對於佛教語言，文獻、歷史的研究，也一定有重要的意義。【一】

補記：

拙稿草成後，見到日本学者松田和信一文，報告他在倫敦的 Stein / Hoernle 收藏中發現三十三件梵文《大般涅槃經》殘片。松田和信謂據尺寸、字體和抄寫格式，這些殘片分屬三份不同的寫本。【二】

原刊《季羡林教授八十華誕紀念論文集》南昌：江西人民出版社，一九九一年

【一】例如早期漢譯的般若類經典，保存了迄今可能瞭解的最早形態的大乘般若思想。它們顯然與現存梵本《般若經》所反映的思想有很大差別，前者顯得非常「原始」，這不奇怪。現存「般若經」的梵本大多數抄寫的時間要比最早的漢譯晚一千餘年。見 L. Lancaster: The Oldest Mahāyāna Sūtra: Its Significance for the Study of Buddhist Development, *Eastern Buddhist* (new series), 8 (1975),pp.30-41。

【二】見 *The Eastern Buddhist*, New Series, Vol.20 (1987), No. 2, pp.105-114。

北涼曇無讖依龜茲國文字說十四音事辯證

一九九〇年，饒宗頤先生發表過《慧琳論北涼曇無讖用龜茲語說十四音》一文，討論唐代慧琳批評北涼曇無讖依「龜茲國胡本文字翻譯」《大般涅槃經》並以此解說「十四音」一事。[一]饒先生的文章，舉出慧琳在《一切經音義》中的說法，然後加以討論，最後評論說：「慧琳以師承關係，排斥東天本，故以十四音取魯流盧婁四助聲者為謬。據其所言，最先依龜茲文定十四音而有取此四助聲者，實始於北涼玄始四年之曇無讖。羅什生於龜茲，故其梵本亦用魯流盧婁四字，與曇無讖同為東天本。惟後代龜茲文字母實不曾用魯流盧婁，誠如慧琳所言，其母音字母只有 ṛ 一名而已。」在學術界，饒先生是最早注意到這個問題並對此進行研究的學者。饒先生前期的研究，對我們很有啟發意義。

本文即在饒先生研究的基礎上，對相關的問題做進一步的討論。希望由此能夠對《大般涅槃經》翻譯時的情形，慧琳批評的緣由，慧琳的批評是否正確，「十四音」在中古中國文化背景下所涉及的諸多問題作更多的瞭解。

一、問題的來由

唐代慧琳編撰的《一切經音義》，是現存佛經「音義」類著作中篇幅最大，也是最重要的一種。其中卷二十五是《大般涅槃經》的「音義」，有「次辯文字功德及出生次第」一節，

「梵經」一詞以下是很少見的一長段：

梵經云阿察囉，唐云文字。《義釋》云：無異流轉。或云無盡，以名句文身，善能演說諸佛秘密，萬法差別，義理無窮，故言無盡。或云常住，言常住者，梵字獨得其稱，諸國文字不同此例。何者？如東夷、南蠻、西戎、北狄，及諸胡國所有文字，並是小聖睿才，隨方語言，演說文字。後遇劫盡，三災起時，悉皆磨滅，不得常存。唯有此梵文，隨梵天王上下，前劫後劫，皆用一梵天王所說。設經百劫，亦不差別，故云常住。總有五十字，從初有一十二字，是翻字聲勢。次有三十四字，名為字母。別有四字，名為助聲。稱呼梵字，亦五音倫次，喉、齶、齗、齒、脣、吻等聲，則迦、左、?、鞸、跛。五聲之下，又各有五音，即迦、佉、誐、伽、仰，乃至跛、頗、歷、潳、莽，皆從深向淺，亦如此國五音宮、商、角、徵、羽。五音之內，又以五行相參。辯之以清濁，察之以輕重。以陰陽二氣揀之，萬類差別，悉能知矣。故

【一】收入《中印文化關係史論集》（香港：三聯書店有限公司，一九九〇年）；以及《梵學集》（上海：上海古籍出版社，一九九二年）。

《易》曰：觀乎天文，以察時變。觀乎人文，以化成天下，即其義也。

經言十四音者，是譯經主曇無讖法師依龜茲國文字，取捨不同，用字差別也。若依中天竺國音旨，其實不爾。今乃演説列之如右，智者審詳。【一】

慧琳的解釋，針對的是北涼曇無讖翻譯的《大般涅槃經》中《如來性品》一節。慧琳的意思，曇無讖翻譯的《大般涅槃經》中「十四音」的説法，是曇無讖的創造，即「依龜茲國文字，取捨不同，用字差別」，而提出來的。對此慧琳列舉出梵文所有的音字，並做進一步的解釋：

褱（阿可反）

啊（阿箇反，阿字去聲兼引）

賢（伊以反，伊字上聲）

縊（伊異反，伊字去聲兼引）

塢（烏古反，或作鄔，亦通）

污（塢固反，引聲，牙關不開）

翳（嬰計反）

燙（哀蓋反，引聲，正體愛字也）

污（襖固反，大開牙，引聲。雖即重用污字，其中開合有異）

奧（阿告反，引聲）

暗（菴紺反，菴音阿甘反）

惡（阿各反，正體惡字也）

以上十二字是翻梵字之聲勢也。

於此十二音外，更添四字，用補巧聲。添文處用，翻字之處輒不曾用。用亦不得，所謂乙，上聲，微彈舌，乙難重用，取去聲引。力，短聲，力去聲，長引，不轉舌。此四字即經中古譯魯、留、盧、婁是也，後有三十四字，名為字母也。

迦（居佉反，又取上聲）

佉（墟迦反，佉字取上聲，墟音丘於反）

誐（魚迦反，迦字準上音）

【一】《大正藏》卷五十四，頁四七〇上。

伽（渠賀反，伽字去聲，重）
仰（虛鞅反，兼鼻音，鞅音央兩反）
左（藏可反，上聲）
瑳（倉可反，上聲）
嵯（慈我反）
醝（嵯賀反，引聲，重）
孃（女兩反，兼鼻音）
絝（陟賈反）
姹（坼賈反）
絮（紺雅反）
槎（茶夏反，去聲，引）
拏（儜雅反，兼鼻音）
彈（多可反）
佗（他可反，他字上聲，正體他字也）
捺（那我反）

馱（陀賀反，重）
曩（乃朗反，鼻音）
跛（波可反）
頗（陂我反）
麼（莫我反，無鼻音）
喒（婆賀反，去聲，重）
麽（忙牓反，鼻音）
野（如本字音也）
囉（羅字上聲，兼彈舌呼之）
砢（勒可反）
嚩（舞可反）
捨（尸也反）
灑（沙賈反）
縒（桑可反）
賀（何馱反）

乞灑（二合，兩字合為一聲。此一字不同眾例也。）

以上三十四字，名為字母。野字、囉字以下九字，是歸本之聲，從外向內。如上所音梵字，並依中天音旨翻之。只為古譯不分明，更加訛謬，疑誤後學。此經是北涼小國玄始四年，歲次乙卯，當東晉義熙十一年，曇無讖法師於姑臧依龜茲國胡本文字翻譯此經，遂與中天音旨不同，取捨差別，言十四音者，錯之甚矣。誤除暗、惡兩聲，錯取魯、留、盧、婁為數，所以言其十四，未審如何用此翻字？龜茲與中天相去隔遠，又不承師訓，未解用中天文字，所以乖違，故有斯錯。哀哉！已經三百八十餘年，竟無一人能正此失。

昔先賢道安法師，苻秦帝師，東晉國德，有言曰譯經有五失三不易也。斯言審諦，誠如所論，智人遠見明矣。以此觀之，失亦過於此說。慧琳幼年，亦曾稟受安西學士，稱誦書學。龜茲國悉談文字，實亦不曾用魯、留、盧、婁翻字，亦不除暗、惡二聲。即今見有龜茲字母，梵夾仍存。亦只用十二音，取暗、惡為聲，翻一切字。不知何人作此妄說，改易常規，謬言十四音。甚無義理。其實四字乙（上）、乙（去聲）、力、力（去聲）未曾常用，時往一度，用補聲引聲之不足。高才博學，曉解聲明，能用此四字。初學童蒙及人眾凡庶，實不曾用也。

其三十四字母，譯經者呼為半字，足知不曾師授，胸臆謬說也。凡文句之中，有含餘音，聲不出口者，名為半字。非呼字母以為半字。今且略舉三二，以明其義。假令云薩嚩，即含囉字，在娑嚩二字中間，囉聲即名為半字。若梵書，即寄囉字一半於嚩字頭上。如言沒馱，即母字之末，任運含其娜字。娜是半字，梵書即寄娜於馱字之上，故娜為半字。如言達麼，兩字中間含其囉音。梵文囉字一半寄書麼字之上，囉即名為半字。以是三句例諸，他皆倣此，其義明矣。奈何根本字母一切文字之源能含眾德之美玅，義說不盡而乃謗為半字。足知不解。若言合如此者，自身既是半字義，不圓滿何能出生一切眾字。以此觀之，足知所譯不明。展轉相傳，訛謬不可依據。有識梵文學士，請勘梵本，及問傳學梵僧，方知所論，一一實爾。

梵天所演字母，條例分明，今且略說相生次第。用前十二字為聲勢，舉後字母一字，一字翻之，一字更生，十一字兼，本成十二字，如此遍翻三十四字，名為一番。又將野字遍加三十四字之下，一遍準前，一一翻之，又成一番。除去野字，即將囉字遍加三十四字之下，準前以十二字聲勢，翻之一字，生十二字。三十四字翻了，成四百八字，又是一番。次以攞字、嚩字、娑字、賀字、仰字、孃字、拏字、曩字、麼字等十二字，迴換轉加，成十二番。用則足矣，亦須師授，方知次第。句義文翰，攝在十二番中，悉皆備足。若展轉相加，雖無窮無盡，義理相涉，聲字乖僻，人間罕用。只用前十二番字，又以八轉聲明論，參而用之。備盡世間一切聲韻，種種差別名言，依字辯聲，依聲立義，字即迴互相加，聲義萬差，條然有序，繁而不雜，廣而易解。

此乃梵天王聖智所傳。五通神仙，高才術士，廣解略解，凡數百家。各騁智力，廣造聲論、名論、數論等，終不能說盡其玅。是故前劫後劫，諸佛出現世間，轉玅法輪，皆依此梵文演說，方盡其美也。是故《大毗盧遮那經》中有《字輪曼荼羅品》，持誦此五十餘字，功德無量無邊，能令眾生三業清淨，決定當成無上菩提。

這裡就出現一個問題：依照過去一般的理解，曇無讖翻譯的《大般涅槃經》，其中講到的「十四音」的說法，只涉及梵文自身的一些問題，怎麼會與龜茲文本有關呢？慧琳的說法從哪裡來？他的說法是不是有根據呢？

以下就討論這些問題。

二、《大般涅槃經》的原本

先要說明一下，慧琳所講的《大般涅槃經》，屬於大乘的《大般涅槃經》。作這樣的區分，是因為小乘系統的佛教也有一類稱作《大般涅槃經》的經典。二者在內容上有很大的差別。

關於大乘《大般涅槃經》，我在一九九一年發表過一篇文章，題目是〈略論大乘《大般涅槃經》的傳譯〉。[一]在文章裡，我對大乘《大般涅槃經》在中國翻譯和流傳的情況做了討論。我的意見是，大乘《大般涅槃經》的原本，從印度來，用梵文寫成，沒有問題，也不存在爭議。梵文的古抄本，雖然只有很少的片段，但是先後被發現，分藏於日本、英國和俄羅斯。我當時的統計，全世界共存殘片四十二件。這種情形，到現在還是如此。

在我的文章裡，還選取了梵文的殘本的部分章節，與法顯和曇無讖的漢譯本分別做了對比，同時討論到漢譯佛經中《大般涅槃經》的兩個漢譯本，即法顯本合曇無讖本的來源。我

【一】王邦維：〈略論大乘《大般涅槃經》的傳譯〉，《季羡林教授八十華誕紀念論文集》（南昌：江西人民出版社，一九九一年），頁七六九－七八七。

引了《出三藏記集》卷八《六卷般泥洹記》的記載，說明法顯本的情況：

> 摩揭提國巴連弗邑阿育王塔大王精舍優婆塞伽羅，先見晉土道人釋法顯遠遊此土，為求法故，深感其人，即為寫此《大般泥洹經》如來秘藏，願令此經流布晉土，一切眾生悉成平等如來法身。【一】

同樣的記載，在《法顯傳》中也可以看到。法顯赴印求法，是在東晉隆安三年（三九九年），返回中國在義熙八年（四一二年），因此，他得到這部梵本是在五世紀初。梵本帶回不久，就被譯成漢文：

> 義熙十三年十月一日，於謝司空寺所立道場寺，出此《方等大般泥洹經》，至十四年正月二日校定盡訖。禪師佛大跋陀手執胡本，寶雲傳譯，於時坐有二百五十人。【二】

至於曇無讖的原本，據《出三藏記集》卷十四的《曇無讖傳》講，曇無讖是中天竺人，少年出家，初學小乘及五明諸論，「後遇白頭禪師」。白頭禪師是大乘僧人，曇無讖與他辯論：

交爭十旬，讖雖攻難蜂起，而禪師於終不肯屈。讖服其精理，乃謂禪師曰：「頗有經典可得見否？」禪師即授以樹皮《涅槃經》本。【三】

樹皮抄本，在古代印度西北，尤其克什米爾一帶最多，這說明曇無讖可能是在印度西北或中亞開始學習這部經典的。傳記繼續講他由於得罪了國王，不得不逃亡：

乃齎《大涅槃經》本前分十二卷並《菩薩戒經》、《菩薩戒本》奔龜茲。龜茲國多小乘學，不信《涅槃》，遂至姑藏。【四】

【一】《大正藏》，卷五十五，頁六〇中。開譯時間與《出三藏記集》卷二記載稍異，作「晉義熙十三年十一月一日」。同書卷，頁一一下。這可能是個小錯誤。

【二】《大正藏》，卷五十五，頁六〇中。

【三】《大正藏》，卷五十五，頁一〇二下。

【四】同上，頁一〇三上。

姑藏又作姑臧，即今武威。當時割據河西的是北涼沮渠蒙遜。曇無讖得蒙遜接待，「學語三年」，然後開始翻譯，首先就翻譯這部《大般涅槃經》，先只譯了前分：

> 讖以《涅槃經》本品數未足，還國尋求。值其母亡，遂留歲餘。後於于闐更得經本，復還姑臧譯之，續為三十六卷焉。【一】

依照慧皎《高僧傳》卷二《曇無讖傳》，在于闐取經本有兩次：

> 後於于闐更得經本中分，復還姑臧譯之。後又遣使于闐，尋得後分，於是續譯為三十三（六）卷。【二】

譯出的時間，慧皎講是北涼玄始三年開始，十年結束。前一個時間可能有些疑問，不過玄始十年，即四二一年一說各家記載一致。由此我們知道，曇無讖的譯本，前半部分（前分）是他自己從印度和中亞帶來，後半部分（中分和後分）則來自于闐。

幾乎與曇無讖譯經的同時，另一位中國求法僧智猛在印度也尋得一部原本。《出三藏記集》卷十五《智猛傳》講智猛到了印度：

後至華氏城，是阿育王舊都。有大智婆羅門，名羅閱宗，舉族弘法。王所欽重，造純銀塔，高三丈。沙門法顯先於其家已得《六卷泥洹》。及見猛問云：「秦地有大乘學不？」答曰：「悉大乘學。」羅閱驚嘆曰：「稀有！稀有！將非菩薩往化耶？」猛就其家得《泥洹》胡本一部，又尋得《摩訶僧祇律》一部及餘經胡本。誓願流通，於是便反。以甲子歲發天竺，同行四僧於路無常，唯猛與曇纂俱還於涼州，譯出《泥洹》

【一】《大正藏》，卷五十五，頁一〇三中。
【二】同上，卷五十，頁三三六中。

本，得二十卷。【一】

甲子歲即宋文帝元嘉元年，即四二四年。照這一段記載，智猛所得，則與法顯幾乎完全一樣。可惜智猛的譯本早已不存。【二】

這些記載，都表明了一點，《大般涅槃經》的幾種漢譯本，是來自印度。即使是曇無讖從于闐尋得「中分」和「後分」，我們也有理由相信，最初也是來自印度。再有，有關「十四音」的一節，在曇無讖和法顯的兩個漢譯本中，內容甚至語句，基本一樣，也說明即使是在不同的梵文原本中，這一節都是有的。但是，從東晉末年到唐代中葉，時間過去將近四百年，此時的慧琳卻提出另一種說法：

此經是北涼小國玄始四年，歲次乙卯，當東晉義熙十一年，曇無讖法師於姑臧，依龜茲國胡本文字翻譯此經，遂與中天音旨不同，取捨差別，言十四音者，錯之甚矣。誤除暗、惡兩聲，錯取魯、留、盧、婁為數，所以言其十四，未審如何用此翻字？龜茲與中天相去隔遠，又不承師訓，未解用中天文字，所以乖違，故有斯錯。哀哉！已經三百八十餘年，竟無一人能正此失。

依照慧琳的這段文字去理解，似乎當時還有一種龜茲文的本子，曇無讖的翻譯，就來自這個本子。這是很奇怪，也很可疑的一種說法。龜茲文——亦即所謂的吐火羅文B——的文獻不是沒有發現，現在所發現的龜茲文的文獻中，有許多佛教或與佛教有關的經典，但就是沒有大乘《大般涅槃經》。僧祐的《出三藏記集》已經講了，曇無讖帶著《大般涅槃經》，是到了龜茲，但「龜茲國多小乘學，不信《涅槃》，遂至姑藏。」龜茲的僧眾原本是不接受《大

【一】同上，卷五十五，頁一一三下。《出三藏記集》卷八所載「未詳作者」的《大般涅槃經》說法有些不同：智猛在印度尋得胡本回國後，「暫憩高昌」。後曇無讖至涼州，沮渠蒙遜「遣使高昌，取此胡本，命讖譯出。」曇無讖譯時「知部黨不足，訪募餘殘，有胡道人應期送到此經。」同上，頁六〇上。但這一說法，自身的疑點很多，僧祐當時就有懷疑。又《隋書》卷三十五《經籍志》載一說法，略近於此，謂智猛在高昌譯《泥洹》二十卷，曇無讖至，沮渠蒙遜「遣使高昌取猛本，欲相參驗，未還而蒙遜破滅。姚萇弘始十年，猛本始至長安，譯為三十卷。」中華書局標點本，第四冊，頁一〇九七—一〇九八。這一說法在時間上更混亂。智猛甲子歲從印度出發時，曇無讖已譯完《大般涅槃經》。又隋灌頂《大涅槃經玄義》卷下的說法亦類似於此。見《大正藏》，卷三十八，頁一四上至中。

【二】僧祐編《出三藏記集》時，就未見到智所譯《般泥洹經》，見僧祐書卷二，《大正藏》，卷五十五，頁一二下。此外，智猛譯文有二十卷，法顯等只有六卷，分量差別很大，使人有些不解。

般涅槃經》的。這中間主要是因為宗派的成見。龜茲的佛教，小乘的勢力最大。歷史上有明確的記載，這不奇怪。奇怪的只是慧琳講的「依龜茲國胡本文字翻譯此經」。

如果我們相信曇無讖譯經當時的記載，再綜合各方面的理由，我們可以認為，慧琳這裡的說法，是沒有根據的。

但是，慧琳提出這樣的說法，也不是一點沒有原因。下面就要討論到這個問題。

三、「十四音」的來源

關於「十四音」，饒宗頤先生很早以前也發表過一篇文章：《唐以前十四音遺說考》。【一】在那篇文章裡，饒先生對唐以前的十四音說做了總結性的敘述。與饒先生討論的問題相關，十多年前，我也發表過一篇文章，題目是〈謝靈運《十四音訓敘》輯考〉。【二】我的那篇文章的內容，除了對早已經佚失的謝靈運的《十四音訓敘》一書進行輯錄和考證外，也談到了「十四音」說法的來源問題。我在文章裡講：

> 十四音的最初的源，在印度。這沒有問題。前面已經說明，謝靈運關於十四音的知識，首先得自《大般涅槃經》。由讀《大般涅槃經》為起因，他又「諮（慧）叡

以經中諸字並眾音異旨」，進而寫出《十四音訓敘》一書，因此靈運這方面的知識又有一部分來自慧叡。所以我們可以從這兩處來源來考慮問題。關於前者，到目前為止，我還是相信經錄和僧傳裡的記載，認為《大般涅槃經》的原本主要是從中印度來的，當法顯和曇無讖見到時，原文是梵文。而且，原文中講的就是「十四音」，而不是其他。由於《大般涅槃經》在中國的地位和影響，雖然在靈運前後，傳入中國的也有「十二音」、「十六音」等不同說法，但最廣為人所接受的，是「十四音」說。關於後者，靈運對四流音的解釋，《大般涅槃經》中本身沒有，可以相信，大部分是從慧叡得來。慧叡在印度學習「音譯詁訓，殊方異義」，其中應該就有典型的講「十四音」的梵文語法著作 ***Kātantra***。再有，「十四音說」在傳到漢地以前，早已先傳到了中亞。至晚到公元四五世紀時，***Kātantra*** 已經在中亞，包括現在中國的新疆地區廣泛

【一】也收入《中印文化關係史論集》(香港：三聯書店有限公司，一九九〇年)；以及《梵學集》(上海：上海古籍出版社，一九九二)。

【二】王邦維：〈謝靈運《十四音訓敘》輯考〉，《國學研究》(北京：北京大學出版社，一九九五年)，第三卷，頁二七五—三〇〇；修訂稿載《二十世紀文史考據文錄》(昆明：雲南人民出版社，二〇〇一年)，下冊，頁一九六六—一九八〇。

> 流行。在此之前，大約三世紀時，還有當時有名的佛教說一切有部的僧人拘摩羅多（Kumāralāta）的梵文語法著作 *Kaumāralāta*。【二】十四音說通過其他僧人傳到漢地，也有可能。這些，也都可以是靈運講的「十四音說」的源。

關於「十四音」的來源，到現在為止，我還是持這樣的看法。不過，我們可以看到的是，在新疆發現的梵文語法著作 *Kātantra* 出土的幾個地點，其中最主要的一處，就是龜茲，即今天的庫車。而且，可以設想，在中亞地區，包括龜茲，*Kātantra* 曾經廣泛流行。這樣的情形，還包括同一語法理論體系下由佛教說一切有部的僧人拘摩羅多（Kumāralāta）寫成的梵文語法著作 *Kaumāralāta*。後者的殘本也是發現在龜茲。據簡單的統計顯示，這類文獻，在龜茲發現的最多。從這個意義上講，「十四音」不能說與龜茲無關。但是，曇無讖譯本中講到的「十四音」，原來就存在於印度的梵文原本之中，而非來自慧琳所說的龜茲文的《大般涅槃經》。只是在龜茲曾經同樣地流行過包括「十四音」說法的一種梵文語法理論，包括相關的著作。慧琳瞭解這個事實，他把二者混同起來，所以講出曇無讖「依龜茲國胡本文字翻譯此經」，又「取捨差別，言十四音者，錯之甚矣。誤除暗、惡兩聲，錯取魯、留、盧、婁為數」的話。但他實際上是知其一，而不知其二。他的說法因此是有問題的。

至於曇無讖翻譯的《大般涅槃經》所涉及的「十四音」，到目前為止，各方面的證據顯示，仍然還是來自印度梵文的原本。

四、龜茲語中的母音

慧琳說：

> 慧琳幼年，亦曾稟受安西學士，稱誦書學龜茲國悉談文字，實亦不曾用魯、留、盧、婁翻字，亦不除暗、惡二聲。即今見有龜茲字母，梵夾仍存。亦只用十二音，取暗、惡為聲，翻一切字。不知何人作此妄說，改易常規，謬言十四音。甚無義理。

【一】見 E. Sieg: Neue Bruchstucke der Sanskrit-Grammatik aus Chinesisch-Turkistan, *Sitzungsberichte der Königlich Preussischen Akademie der Wissenschaft* , 1908, pp. 182-206 以及 H. Lüders: Kātantra und Kaumāralāta, *Philologica Indica*, Göttingen: Vandenhoeck und Ruprecht,1940, pp. 659-720。*Kātantra* 所講「十四音」見 *Kātantra* 1.1.2.: *Kātantra* 1.1.2.: tatra caturdaśādau svarāḥ. 以及 Durgasiṃha 的注。此處根據的是 J. Eggeling 的校刊本 *The Kātantra with the Commentary of Durgasiṃha*, Culcutta, 1874-1878。參見 B. Liebich: *Zur Einführung in die indische einheimische Sprachwissenshaft*, I, Kātantra, Heidelberg, 1914, p.14。

在這一點上，慧琳說得太對了。龜茲語（吐火羅語B）的母音系統裡，除了ṛ以外，其他的三個流音，即ṝ、ḷ、ḹ，確實是沒有的，因此「不曾用魯、留、盧、婁翻字」，同時保留有「暗、惡二聲」。【一】

不過，在龜茲發現的梵文寫本中，這四個流音是存在的。這當然也不奇怪。在龜茲已經發現的梵文寫本，數量不少，其中就包括上面提到的以「十四音」為特點的那兩種梵文語法著作。

關於龜茲語的語音系統，可以參考有關的專業書。

五、所謂「中天音旨」

但是，慧琳為什麼會提出這個問題，並且為此似乎顯得怒氣衝天。原因很簡單，在慧琳看來，曇無讖翻譯的《大般涅槃經》中講到的「十四音」，無論是語法理論體系，還是譯音字所代表的梵文字音，都不對，不屬於「中天音旨」，「與中天音旨不同」，「若依中天竺國音旨，其實不爾」。

那麼，什麼是「中天音旨」呢？關於這個問題，北京大學的季羨林先生十多年前也寫過一篇文章，題目正好就是《論「中天音旨」》。季先生的討論，最早也是由慧琳的這一段文字引發出來。季先生在文中對很多細節問題做了討論，可以參考。【二】這裡我只列出兩種《大般涅槃經》漢譯本中對梵文字音的譯音字。先看曇無讖譯本的譯音字：

惡、阿、億、伊、鬱、優

咽、野、烏、炮

菴、阿

迦、佉、伽、呾、俄

遮、車、闍、膳、喏

吒、侘、茶、祖、拏

多、他、陀、彈、那

波、頗、婆、滼、摩

【一】見饒先生前引文章後所附龜茲文字母表。也可參考季羨林先生《吐火羅語研究導論》（台北：新文豐出版公司，一九九三年），頁一五八。

【二】收入《季羡林文集》（南昌：江西教育出版社，一九九八年），卷七。

蛇、囉、羅、和

奢、沙、娑

呵、嗏

魯、流、盧、樓

再看法顯譯本的譯音字：

短阿、長阿、短伊、長伊、短憂、長憂

憂、咽、烏、炮

安、阿

迦、呿、伽、重音伽、俄

遮、車、闍、重音闍、若

咤、侘、荼、重音荼、拏

多、他、陀、重音陀、那

波、頗、婆、重音婆、摩

耶、羅、輕音羅、和

賒、沙、娑

呵、羅（來雅反）

厘、厘、樓、樓

再看慧琳舉列出的譯音字：

榱（阿可反）、啊（阿箇反，阿字去聲兼引）、賢（伊以反，伊字上聲）、縊（伊異反，伊字去聲兼引）、塢（烏古反，或作鄔，亦通）、污（塢固反，引聲，牙關不開）、翳（嬰計反）、愛（哀蓋反，引聲，正體愛字也）、污（襖固反，大開牙，引聲。雖即重用污字，其中開合有異）、奥（阿告反，引聲）

暗（菴紺反，菴音阿甘反）、惡（阿各反，正體惡字也）

迦（居佉反，又取上聲）、佉（墟迦反，佉字取上聲，墟音丘於反）、誐（魚迦反，迦字準上音）、伽（渠賀反，伽字去聲，重）、仰（虛鞅反，兼鼻音，鞅音央兩反）

左（藏可反，上聲）、瑳（倉可反，上聲）、嵯（慈我反）、醝（嵯賀反，引聲，

重）、孃（女兩反，兼鼻音）

絝（陟賈反）、姹（坼賈反）、綮（紺雅反）、梌（荼夏反，去聲，引）、拏（儜雅反，兼鼻音）

軃（多可反）、佗（他可反，他字上聲，正體他字也）、擐（那我反）、馱（陀賀反，重）、曩（乃朗反，鼻音）

跛（波可反）、頗（陂我反）、麼（莫我反，無鼻音）、潳（婆賀反，去聲，重）、麼（忙牓反，鼻音）

野（如本字音也）、囉（羅字上聲，兼彈舌呼之）、砢（勒可反）、嚩（舞可反）

捨（尸也反）、灑（沙賈反）、縒（桑可反）

賀（何馱反）、乞灑（二合，兩字合為一聲。此一字不同眾例也。）

曇無讖和法顯所選用的音譯字，反映的是否就不是「中天音」，這個問題的確還可以討論。我懷疑沒這回事。曇無讖和法顯看起來都不過是在盡其所能地把梵文的字音音譯為他們認為最合適的漢字。曇無讖和法顯的譯本中的音譯字，有些相同，有些不同，這在不同譯者處理譯文，選用譯字時很正常。為什麼會這樣，原因有很多，但不一定就是因為原文或原文的發音不同。

但慧琳卻有另外的看法，慧琳認為，曇無讖本的音譯字是不合適的，法顯本慧琳沒有提到，大概因為更不在他眼中。慧琳選用的，是完全不同的一組音譯字，他對此做的解釋是：「如上所音梵字，並依中天音旨翻之。只為古譯不分明，更加訛謬，疑誤後學。」意思是曇無讖——當然也包括法顯本——的音譯字不能歸入「中天音旨」。他要做的，就是糾正這種錯誤，重新用正確的音譯字來標示正確的發音。

關於慧琳音譯字的來源，可以再做進一步的研究。

六、慧琳的誤解與誤解的背景

慧琳為什麼會批評曇無讖，正如饒宗頤先生在上引文章中指出的：「慧琳出不空之門，與金剛智正是同一系統，其反對他本，宜也。」

唐代中期以後，佛教的密宗盛行。密宗修行，唸誦咒語是最重要的事之一。咒語的唸誦，要求發音準確。咒語從印度來，準確的標準就是印度音。但中國的佛教僧眾們在瞭解印度較多以後，發現印度人的發音也因地方的不同而有差異。這就出現了所謂區分「東天音」、「南天音」、「中天音」等問題，當然，在這中間，「中天音」或者說「中天音旨」是最標準，最應該仿效的。慧琳在為曇無讖翻譯的《大般涅槃經》撰寫「音義」時，就「發現」了「十四音」的問題。他又以他對梵文的瞭解，加上他在密咒方面的知識，對此大加批評，並標示出正確的範例。但可惜的是慧琳的批評錯了。

最後，如果要做一個總結，可以這樣說，對於《大般涅槃經》中的「十四音」的問題，慧琳實際上是「只知其一，不知其二」。他對曇無讖的批評，沒有做到「有的放矢」，因此他的說法是有問題的。但所有這些，也許可以用現在常有人講的一句話來形容，那就是「事出有因，查無實據。」

原刊《華學》（上海：上海古籍出版社，二〇〇八年），第九、十輯。

鳩摩羅什《通韻》考疑暨敦煌寫卷 S.1344 號相關問題

一

倫敦收藏的敦煌寫卷中，標號 S.1344 的是一份殘卷。殘卷正面是數通唐令，抄寫頗為零亂，並有塗鴉。唐令標出了年代，可以辨識的有咸亨、垂拱、天授、證聖、長安、景龍、開元幾種年號，但並未都依時間先後排列。殘卷背面分別抄有兩部分文字。第一部分文字首句「鳩摩羅什通韻」，但以下是否即抄錄的所謂鳩摩羅什撰寫的《通韻》一文，並不很清楚。第二部分文字則比較明確，首題「修多羅法門卷第一，紀王府掾太原郭銓奉敕撰」，以下是抄錄的內容。紀王是唐太宗第十子李慎，《舊唐書》、《新唐書》中有傳，初封申王，貞觀十年封紀王。兩部分文字為一人所抄，從正面所抄唐令的年代和紀王府掾郭銓的名號以及書寫字體等推測，大致可以判斷這份寫卷是初唐或中唐時所抄，且中唐時的可能性更大一些。原卷未見，倘原卷正反面判別無誤，依照慣例，正面的唐令抄寫在前，而背面的文字抄寫在後，則正反面文字抄寫的時間相差不遠。背面的文字，Giles 目錄依第二部分內容著錄為《修多羅法門》，同時認為前一部分文字也是郭銓所著，把它稱作 introduction on Indian phonology。Giles 說它與印度音韻學有關，確實不錯，但說它是郭銓所著，卻沒有任何依據。

二十世紀五十年代末、六十年代初劉銘恕先生編《斯坦因劫經錄》，全文抄錄了前一部分文字，稱為「論鳩摩羅什《通韻》」。從劉銘恕先生這一題名來看，似乎他並不認為這是鳩摩羅什原著，而只是後人有關於此的一段論述。香港饒宗頤先生，當今碩學宏儒，於中國文史之學，著述宏富，自二十世紀六十年代中期起，即注意到這份寫卷。饒先生根據殘抄的第一句話，斷定這就是久佚的鳩摩羅什所撰《通韻》一書，並由此發表了一系列有關的考論。我所見到的最直接的幾種有：一、《梵語Ṛ、Ṝ、Ḷ、Ḹ四流音及其對漢文學的影響》；二、〈《文心雕龍·聲律篇》與鳩摩羅什《通韻》〉；三、〈鳩摩羅什《通韻》箋〉。這幾篇文章，連帶其他一些相關的文章，最後都收入饒先生一九九〇年在香港出版的《中印文化關係史論集·語文篇——悉曇學緒論》一書中。再後來還收入一九九三年上海古籍出版社出版的《梵學集》中。饒先生所論，頗多精義。我在這裡所要討論的，也是這份寫卷中有關鳩摩羅什《通韻》的一些問題，但其中有些意見與饒先生不一致，不揣譾陋，提出來，希望得到饒先生和其他通人的指教。

二

先談所謂鳩摩羅什《通韻》。

眾所周知，鳩摩羅什是東晉十六國時期最有名的佛經翻譯家。羅什譯經，據僧祐《出三藏記集》卷十四《羅什傳》所講，有三百餘卷。《出三藏記集》卷二實際著錄三十五部，二百九十四卷。寶唱《名僧傳》和慧皎《高僧傳》所記大致相同。但羅什自己著作並不多。湯用彤先生《漢魏晉南北朝佛教史》一書，有一節專論「什公之著作」，考論頗詳。至於《通韻》一書，歷代經錄及僧傳中從未見記載。已考定的羅什著作中，也沒有相近或相似的作品。我們現在知道鳩摩羅什著《通韻》一事，除了這份敦煌寫卷以外，再就只有同樣出於敦煌的寫卷《佛說楞伽經禪門悉曇章》前僧人定惠的序，序文講：

唐國中嶽釋沙門定惠法師翻注，並和秦音，鳩摩羅什《通韻》魯流盧樓為首。

另一抄本作：

並和秦音，亦與鳩摩羅什法師《通韻》魯留盧樓為首。【一】

這一段序文，說明唐代「翻注」《悉曇章》的定惠法師確曾見過一種鳩摩羅什著《通韻》，並且其中有「魯流盧樓為首」的內容。只是定惠的序，短短一兩句話，未能給我們提供其他更多的信息。不過，可以肯定的是，《禪門悉曇章》序中講到的鳩摩羅什的《通韻》，與S.1344號寫卷上提到的《通韻》是一回事。序中的定惠是唐代人。從寫卷上抄寫的其他內容推斷，兩個寫卷抄寫的時間也是在唐代，都有助於證明這一點。因此，S.1344號寫卷上的內容，以及定慧的序，便是我們今天瞭解唐代曾經存在過的所謂鳩摩羅什《通韻》一書的最主要的根據。我們要做考證，也只能由此出發。

三

饒宗頤先生〈鳩摩羅什《通韻》箋〉一文，已抄錄了S.1344號寫卷上全部有關的文字，並作了詳細的箋證。饒先生相信，鳩摩羅什著有《通韻》一書無疑，S.1344號寫卷上抄錄的即《通韻》原書。饒先生認為，定惠序言中講到的魯流盧婁四流音，S.1344號寫卷上也講到「魯流成班」，這是羅什曾撰此書的證據之一。可是，我以為，這卻正是此書非羅什所著的反證之一。我的看法是，四流音之說，最早是由北涼曇無讖翻譯大乘《大般涅槃經》而傳入漢

【一】寫卷編號北京鳥字六十四號、P.2212。有關的殘卷還有P.2204、P.3082、P.3099、S.4583號。

地的。正是曇無讖在翻譯時首先取「魯留盧樓」為四流音的譯字。所有後來論者，無論所論為「十四音」、「十二音」、「十六音」，以至無論涅槃師或後來專門治悉曇學的僧人，凡論及流音，俱由此開始，因而與《大般涅槃經》有關。鳩摩羅什來華譯經，時間在曇無讖之前，雖然《高僧傳》中有關於鳩摩羅什議論天竺漢地文體不同的記載，但卻很難找到證據可以說明羅什在長安翻譯經典時曾專門傳授過悉曇之學，以至於撰成《通韻》這樣的著作。因此，羅什撰《通韻》一事，極可懷疑。對此，除這一項外，還可舉出幾處疑點。下面再試作一些說明。

（1）在鳩摩羅什翻譯的大量經典和他的著作中，絕未見四流音之說的一絲痕跡。各代論者，在談到梵文字音，尤其是四流音時，所引資料，最早都只追溯或只能追溯到《大般涅槃經》，實際上即追溯到曇無讖所譯，一般稱為「北本」的《大般涅槃經》。這一點，五十音，包括四流音的譯字可以證明。而所謂南本《大般涅槃經》，雖然常常被誤解為南朝僧人慧觀、慧嚴以及謝靈運所翻譯，實際上則只是改治，改治的依據，一是無讖所謂四十卷本《大般涅槃經》，一是法顯所譯六卷本《大般泥洹經》，二者中主要是前者。這一點，南本的經題就寫得很清楚。倘再對照三種譯文，便更為清楚。【二】法顯譯《大般泥洹經》，時間雖稍早於曇無讖翻譯《大般涅槃經》，但譯出的時間也在羅什去世之後。饒先生認為，「慧觀、慧嚴皆什公及門，此南本蓋據法顯於東晉末所得六卷本而增改者，法顯於《文字品》中譯ṛ ṝ ḷ ḹ為厘厘樓樓四字，此則作魯流盧樓，正承什公之學，事至明顯。」結論是「可明《大般涅槃經．文字品》譯魯流盧樓四音乃出於什公《通韻》，故與法顯所譯不同。」【二】這一看法，似乎缺乏明證。實際的情況是，南本用魯流盧樓作ṛ ṝ ḷ ḹ的譯字，既不是出於羅什所撰《通韻》，也不是慧觀等人的首創，而只是從曇無讖的譯本照抄而來。除非找到證據，證明曇無讖使用的譯字也是從鳩摩羅什繼承而來，否則就很難作出「魯流盧樓」四譯字出於羅什之學這樣的結論。而事實上當時無讖譯經，僻在北涼一隅，是一件獨立的事，未曾聽説與鳩摩羅什有何關係。再有，改治《大般涅槃經》，謝靈運參與其中。康樂又撰有《十四音訓敘》，專論梵文的字音，可是我們今天所見到幾段佚文，卻絲毫未提羅什，而只舉《大般涅槃經》為依據。與康樂一起改治《大般涅槃經》的慧觀、慧嚴，康樂撰《十四音訓敘》時問從的慧睿，與康樂交遊論學甚密的竺道生，都是羅什的弟子，親炙羅什，併為一代義學名僧；康樂本人信佛，又博識能

【一】今《大正藏》本作：「宋代沙門慧嚴等依《泥洹經》加之」。其他古本一作「三藏曇無讖譯，梵沙門慧嚴、慧觀同謝靈運再治」，或作：「北涼沙門天竺三藏曇無讖譯，梵宋沙門慧嚴、慧觀同謝靈運再治」。

【二】〈鳩摩羅什《通韻》箋〉，《梵學集》（上海：上海古籍出版社，頁一三七）。

文，為一代文宗，情理上推論，倘羅什著有《通韻》或類似的著作，康樂不應不知，也不應不提及。在康樂之前或之後的注疏家，撰寫有關《大般涅槃經》的疏解極多，其中論到四流音時，也都如此。

（2）S.1344號寫卷中有「半字滿字，乃是如來金口所宣」句。此處將半字滿字與如來之説相聯繫，正是《大般涅槃經》中所宣傳的主題之一。自曇無讖譯出《大般涅槃經》後，遂廣為流行，成為中國佛教判教理論中主要説法之一，此前未之聞也。這也是寫卷中文字成於《大般涅槃經》譯出之後的證據之一。

（3）寫卷中有許多字句，與唐代所流傳的一種《涅槃經悉談章》極為相似。《涅槃經悉談章》一書，今有民國初年羅振玉影刻日本舊寫本。原本前有殘缺，起始第一句為：「舌中音者，吒吒知知是雙聲，吒咤荼拏是疊韻。悉談，魯流盧樓為首聲。」我們今天知道的所謂羅什所撰《通韻》中最重要的一句，與此完全相同。其他如「以頭為尾」、「以尾為頭」、「尾頭俱尾」、「豎則雙聲」、「半陰半陽」、「耶（邪）正相加」、「單行獨隻」、「摘（擿）掇（綴）相連」等等用語，二者也完全相同。有意思的是，《涅槃經悉談章》也題作「羅什三藏翻譯」，並且説明是日本僧人宗睿在唐咸通三年（八六二年）在明州開元寺從一馬姓僧人處抄寫而來。但它其實只是託名之作。S.1344號寫卷上的文字與《涅槃經悉談章》十分相似，二者又都聲稱是鳩摩羅什所翻譯或所撰，使人很懷疑有互相因襲的關係。而從文字和行文的結構以及本身的體裁內容來看，S.1344號寫卷上的文字因襲《涅槃經悉談章》的可能性更大，因為後者講的是梵文字音的拼合，在這裡是基礎，而前者則是一種泛論，兼及梵漢，從情理上推斷，應該是先有彼而後有此。《涅槃經悉談章》既非羅什所譯，《通韻》以及S.1344號寫卷上的文字是否羅什所撰，也更成疑問。關於《涅槃經悉談章》非羅什所譯一節，下面將再談到。

（4）寫卷中又講到「羅文」：「羅文上下，一不生音」，「順羅文從上角落，逆羅文從下末耶（邪）」。從上下文看，此羅文似指悉曇章中梵文字音互相拼合的一種圖式。把梵文字音各種不同的拼合形式用圖表縱橫豎直地表示出來，是否在印度或中亞當時就如此，不得而知，但羅文一名，似乎只是中國的悉曇家以及其後的等韻學家們為這種圖表所作的命名。這一命名，恐怕出現得比較晚，唐以前未見有記載。宋本《玉篇》後題名神珙所著的《四聲五音九弄反紐圖》末尾有「羅文反樣」，講的是漢語的聲韻拼合，有人解釋：「神珙以二個十六字名羅文反，此則相對十六字，縱、橫、角可讀之，故云羅文也。」【一】神珙的生卒年代不能確知，但序中提到「唐又有陽寧公、南陽釋處忠，此二公者，又撰《元和韻譜》。」定為唐憲宗元和（八〇六—八二〇年）以後的人大致無誤。羅文一名的出現，雖然應在此之前，但恐怕不會早至羅什譯經的東晉年間。其他如「傍紐」、「正紐」一類的用語，雖然據《封氏聞見記》卷二，永明時周顒已經「切字皆有紐」，但羅什時是否即已出現「傍紐」、「正紐」之語並為羅什所用，也極可懷疑。【二】

（5）饒先生〈鳩摩羅什《通韻》箋〉一文中有一節：「《通韻》年代上限與菩提流支之關係」。其中講到：「《通韻》一文，與日本高野山三寶院藏寶曆五年僧行願翻刻本《涅槃經文字品》『悉曇羅文』中之序文，大致相同，其中有云：『本音梵語漢言，並是菩提流支翻注。』末亦題曰『羅什法師翻譯』。」菩提流支來華，在北魏宣武帝時，永平元年到洛陽，晚於羅什一百餘年。行願的刻本，饒先生說，羅振玉曾刊行過，但我未能覓得。不過，只是根據饒先生的敘述，就可以知道，當時還有一種題為鳩摩羅什翻譯的解釋《大般涅槃經》中的《文字品》的「悉曇羅文」。這幾種書，所謂鳩摩羅什法師《通韻》，還有題為羅什翻譯的《涅槃經悉談章》，以及既題為羅什翻譯，又說是菩提流支翻注的《涅槃經文字品》的「悉曇羅文」，在內容和文字上都有很相似的地方，相互間究竟誰因襲誰，誰是作者，在出現的當時，似乎就已經不太清楚。這說明什麼呢？我想，恐怕只能說明三種書都不是羅什的作品。

【一】饒宗頤先生〈鳩摩羅什《通韻》箋〉引此段解釋，「其解說云」，此處復引。我見到的兩種清刻宋本《玉篇》，一種是曹寅揚州詩局刻本，一種是張氏澤存堂刻本，都沒有這段解說。出處待查。張氏刻本篇末神珙《反紐圖》後無「羅文反樣」一名。另唐時來華求法的日本僧人圓仁也傳一種《九弄十紐圖》，其中載一文，與神珙《反紐圖》自序所言略同，而說「梁朝沈約著九弄之文」。「九弄」的名目有「正紐、旁紐、疊韻、羅文、綺錯、傍韻、正韻、雙聲、反音」，再加「單韻」一項，則成「十紐」。這裡也有「羅文」一名。圓仁文宗開成年間來華，時間與神珙相近，可能稍晚。圓仁原書未見，此轉引自張世祿《中國音韻學史》第六章第一節。沈約是否創「九弄」之說，「九弄」名目是否如唐時所傳，其中尚存疑問，俟後考。但即便相信沈約創此「九弄」名目，「羅文」一名亦只能追溯到齊梁。

【二】卷二，聲韻條。神珙《反紐圖》「自序」亦云：「昔有梁朝沈約，創立紐字之圖。」傳沈約立詩律「八病」，「八病」中有「傍紐」、「正紐」二病。唐宋人所傳及解釋不一。見傳魏文帝《詩格》、宋魏慶之《詩人玉屑》卷十一等。日僧空海《文鏡秘府論》西卷則列有「二十八病」，立目更詳。安然《悉曇藏》卷二列一梵字表，梵字傍標以「正紐」、「傍紐」以及「通韻」、「落韻」等名。安然稱為「悉曇韻紐」。但這與解釋詩律詩病又有不同，二者之間的關係，尚待細考。所有這些術語的使用，最早恐怕不能早於齊梁。我懷疑其中一些或者更晚至唐。

四

以上所論，都與《大般涅槃經》的譯出有聯繫，因此，鳩摩羅什與《大般涅槃經》的關係，是一個值得考慮的問題，因為我們已經看到，不僅是《通韻》，還有幾種類似的書都與此有關。羅什在後秦時來華，他的佛學造詣，為當時第一，這點毫無疑問。羅什在長安十餘年，大力宏傳中觀之學。中觀最重要的幾部經典，至他始被完整地譯出，但他在世時，《大般涅槃經》並未到達漢地。羅什去世後數年，睿慧到南方，與道生、謝靈運等討論《法華》、《大般涅槃經》和《大品》諸經，撰《喻疑論》，就講到羅什在世時《大般涅槃經》未到漢地。【一】慧睿是鳩摩羅什門下大弟子之一，自稱「法言無日不聞，聞之無要不記」，所講應該說是可靠的。與慧睿同時，以講與《大般涅槃經》密切相關的「一闡提皆有佛性」，所倡一時如石破天驚的竺道生，雖曾就學於羅什，當時也「未聞《涅槃》大部」。只是大約百年之後，有人才將鳩摩羅什與《大般涅槃經》聯繫在一起。【二】隋章安灌頂《大般涅槃經玄義》卷下講慧嚴、謝靈運等改治《大般涅槃經》，開足品數事時說：

（宋）文帝尚斯典，敕道場寺慧觀、烏衣寺慧嚴，此二高明，名蓋淨眾，康樂縣令謝靈運，抗世逸群，一人而已，更共治定。開《壽命》，足《序》、《純陀》、《哀歎》，開《如來性品》，足《四相》、《四依》、《邪正》、《四諦》、《四例》、《文字》、《鳥喻》、《月喻》、《菩薩》，凡十二品，足前合二十五品，掣三十六卷，則一萬偈。識云經義已足，其文未盡，餘有三品，謂《付囑》、《燒身》、《分舍利》，二萬言未來秦地耳。小亮云是羅什足品。由來關中不聞《涅槃》，恐其言為謬。經錄稱謝靈運足品，相承信用。

小亮指靈味寶亮，齊梁時名僧。先是宋時有僧人名道亮，曾擯居廣州，時人稱其為大亮，或稱廣州大亮，而稱寶亮為小亮。章安所記，說明齊梁時確已有人將慧嚴等改治《大般涅槃經》，開足品數事與羅什聯繫在一起。但這在眾多的涅槃師中，算是一個例外。章安本人，也不以小亮的說法為然，他只相信經錄的說法。當然，開足品數事，確實不是羅什所

【一】《出三藏記集》卷五載，其中講：「什公時雖未有《大般泥洹》文……」

【二】章安《涅槃經玄義文句》卷下：「東晉大德沙門道生法師，即什公學徒上首，時屬晉末（末）宋初，傳化江左，未見《涅槃》大部。」

為。明瞭鳩摩羅什與《大般涅槃經》沒有直接的關係，便可知道，唐代時流傳的認為是羅什翻譯的《涅槃經悉談章》一類的書，都是託名之作。羅振玉僅僅據依據書中後記所引《禪林錄》這類晚出的資料以及日本僧人宗睿、圓載等入唐求法時依據尋獲的經典所編成的目錄，而斷定「是書撰於晉世」，實在是極大的一種誤解。和《通韻》一樣，《涅槃經悉談章》也是「魯流盧樓為首聲」。同類的書，當時大約還流行有另外幾種。日僧圓仁的《入唐新求聖教目錄》在記載《悉談章》一卷之後，又記載有一種《大般涅槃經如來性品十四音義》，「二本」，又注明：「並是同本，然一卷著朱脈（墨）為別也，羅什譯出。」然而鳩摩羅什時《大般涅槃經》文本既然未到中國，很難相信羅什會專門翻譯或撰寫其中一品的音義或類似的書。時代更晚，以專治悉曇學而著名的日本僧人安然也見過這部《大般涅槃經如來性品十四音》，他在他所編《諸阿諸闍梨真言密教類總錄》中提到這部書說：「羅什，仁、睿是二本，然一卷著朱脈（墨）為別也。」一種書有兩種傳本，可見其本身就比較混亂。我的看法，唐以前絕未見記載的《通韻》，在唐時流行，也是同樣的一種情形。

五

我們再回到《通韻》本身的內容上來。S.1344號寫卷在「鳩摩羅什法師《通韻》」一句後即講：「本為五十二字。」關於梵文字音的數目，在中國後來說法不一，有四十二、四十六、四十七、四十九、五十、五十一、五十二諸說。安然《悉曇藏》卷五一一臚列，引書雖較欠條理，但頗詳細。至於每種說法從何處來，究竟哪一種說法正確，問題相當複雜，姑置毋論。各種說法中，傳五十二字說者不多，今日可見，只有隋淨影慧遠。慧遠之說，安然已引，但更詳細的內容保存在慧遠所著《大般涅槃經義記》中。饒宗頤先生因此撰《北方慧遠之悉曇章》一文，與論《通韻》的數文一起收入《中印文化關係史論集·語文篇》一書中。依安然等的說法，慧遠所傳，是「牟尼三藏胡地之本，非梵地之章。」慧遠自己也稱作「胡章」：「胡章之中有十二章，其悉曇章以為第一。於中合有五十二字。悉曇兩字是題章名，餘是章體。」《通韻》不管是何人所撰，主張的是五十二字說，與慧遠所傳是一個系統，二者之間是否另有關係，目前缺乏更多的材料，只好存而不論。

不過，有一點似乎還可以指出來，題名鳩摩羅什撰的《通韻》雖然主張的是五十二字說，但羅什所譯《大品》和《智度論》兩部經典，提到的卻是頗為特殊的四十二字說。我們不知道，羅什是否因此就一定主張這种四十二字說，但《大品》和《智度論》是羅什一生所譯最重要的經典，卷帙最是浩大，羅什翻譯時用心亦最多。這一點，或者可以為我們考慮這一問題作一參考。

六

《悉曇藏》卷一在論及「梵文本源」時提到僧睿：

僧睿法師是什門人，什生龜茲，東天竺人，所傳知是東天本也。

《悉曇三密抄》卷上之上在論到悉曇章的地域之分時亦同，但仍是抄安然之說。

這裡給人一個印象，是僧睿曾傳一種悉曇章。又因為僧睿是羅什的門人，所傳應是羅什之學。其中的疑問還是，僧睿傳悉曇章一事，除此之外不見任何其他文獻中有記載，尤其是早期的文獻。而僧睿傳的什麼，也不清楚。再有，羅什生龜茲，龜茲與東天竺相距萬里，此事至為清楚，不知安然何以將二者聯繫在一起？安然彙抄群書，而稍作編排，這是否是一種抄誤？我頗懷疑這裡的僧睿為慧睿之誤，因為僧睿與慧睿是一人還是二人，在齊梁時已經就有人弄不太清楚。一直到今天，也還如此。【二】

七

討論到這裡，已經可以作一小結。把上面所論，歸納起來，我的意見是，唐代所傳的題名鳩摩羅什法師所撰的《通韻》疑點很多。從S.1344號寫卷以及也是敦煌寫卷中所傳的《佛説楞伽經禪門悉曇章》前僧人定惠的序文所轉引的內容和各方面的證據來看，很難説它是羅什所著。它恐怕只是一部託名之作。這是一。同時還有一個問題需要加以考慮，就是，即使我們承認《通韻》是託名羅什之作，是否S.1344號寫卷上所抄即為這部託名的《通韻》呢？回答還是不肯定的。因為寫卷上最後講到，「宮商角徵，並皆羅什八處輪轉」，仍然不大像是託名羅什本人的口氣。從全文看，應該是對託名羅什所撰《通韻》一書的一種抄述。在敦煌寫卷中，各類撮抄或抄述，林林總總，形形色色，內容各異，極為常見。這也是其中之一。就此而言，劉銘恕先生最早擬定的「論鳩摩羅什《通韻》」一名，倒似乎比較恰當一些，雖

【一】例如前引慧睿《喻疑論》，因為一題「長安睿法師」，有人以為是指僧睿而非慧睿。見任繼愈主編《中國佛教史》，第二卷（北京：中國社會科學出版社，一九八五年，第二章第九節。但這恐怕是誤解。湯用彤先生以為睿法師指慧睿。他的看法是正確的。

然所謂《通韻》未必真是羅什所撰。最後，要說明一下，作這樣的結論，是不是意味著就否定了S.1344號寫卷上所抄文字的價值呢？我想也不。因為它畢竟為我們保存了一種至少是在唐代就已經流傳的關於悉曇學以及漢語等韻學的資料。從這一點來講，其中也有許多有價值、值得我們注意的地方。有關的其他方面的問題，希望以後有機會再作討論。

原刊《中國文化》（香港：中華書局有限公司，一九九二年）

謝靈運《十四音訓敘》輯考

引言

在中國中古時期的文學史上，謝靈運從來公認是一位很有才華，對後代也很有影響的文學家。謝靈運一生主要的行事，記載於宋沈約編撰的《宋書》卷六十七《謝靈運傳》中。他的詩文，據《隋書》的《經籍志》（《隋書》卷三十二、三十三、三十五）以及新舊兩種《唐書》的《經籍志》（《舊唐書》卷四十六、四十七）和《藝文志》（《新唐書》卷五十七、五十八、六十）的記載，在他去世以後，結成集而流傳的，至少有十多種，其中不少部帙在數十甚至百卷以上，數量很大。這其中還不包括他的與佛教有關的一部分作品。不過，這些詩集或文集，後來都完全散佚。靈運的作品，現在所能見到的，都出於他之後編纂的各種總集、類書、史書以及後來一些人著作中的引文，經人輯錄或編排，始結成單獨的詩集或文集。

謝靈運工詩，善屬文，為一代文宗，但行事「頗不栓」，因此最後未能以善終。這些在他的傳記中都講得很清楚，為人所熟知。

靈運又信佛，一生與僧人往來密切，撰寫了不少有關佛教的文字，甚至還參加過翻譯或者嚴格說是「改治」佛經的工作。這些事，研究謝靈運以及他的著作的人，大多也都注意到了。研究者中，較少注意到，或者說比較被忽視的，是謝靈運撰寫的《十四音訓敘》一書。

後人所編的靈運的文集，即使是收文最全最多的，都沒有一種有所輯錄。【一】原因大概是：第一、靈運一生，主要以詩文而有名於當時及後世，而不是治學或其他，前者的盛名掩蓋了後者。第二、《十四音訓敘》一書，散佚得比靈運其他的作品更早。而關心這部書的人，靈運之後的，大致只有一部分佛教徒和所謂的悉曇家，其他的人則很少。但是，這並不就表示，靈運撰寫《十四音訓敘》這件事和《十四音訓敘》這部書不重要。相反，如果我們今天要瞭解從來就使用漢語、寫方塊字的中國古代的文化人在接觸到一種完全不同的、屬於印歐語系的語言——梵語，以及有關梵語的語言知識時，是如何去嘗試學習和理解，並在後來加以吸收和利用，卻不能不提到靈運的這部書。

本文的目的，即是將早已失傳的《十四音訓敘》的佚文，儘量地輯出，並加以適當的校正和考釋。有關的一些問題，也一併作一點討論。希望由此不僅為研究謝靈運，更為研究古

【一】我所見到近年出版的，大概也是最新最全的一種是顧紹柏校注的《謝靈運集校注》（鄭州：中州古籍出版社，一九八七年）。

代中印、中外文化交流，也包括研究中國古代音韻學史的學者們提供一點有用的資料。[一]

一、謝靈運、慧叡和《十四音訓敘》

謝靈運撰《十四音訓敘》一事，我們今天能夠知道，主要是靠梁慧皎《高僧傳》的記載。《高僧傳》卷七《慧叡傳》：

> 陳郡謝靈運篤好佛理，殊俗之音多所達解，乃諮（慧）叡以經中諸字並眾音異旨，於是著《十四音訓敘》，條列胡漢，昭然可了，使文字有據焉。

慧叡，冀州人，少年出家。據僧傳中的記載，慧叡常遊方學經，到了蜀之西界，卻為人所掠，成為牧羊奴。後來被好心的商人救出，「還襲染衣，篤學彌至，遊歷諸國，乃至南天竺境。音譯詁訓，殊方異義，無不必曉。」後來回國，先到廬山。不久又到關中，「從什公（即鳩摩羅什）諮稟。」最後還回到南方，住在京師（建康，今南京）烏衣寺。慧叡在宋元嘉年中去世，終年八十五歲。[二]

根據這些記載，我們可以知道，靈運撰《十四音訓敘》，是在向慧叡討教後所為，因為慧叡曾經到過印度，通曉印度的語言以及相關的知識。靈運向慧叡討教的時間，是在元嘉年中。地點是在南京。但是還有更重要的一點，靈運向慧叡討教的是「經中諸字並眾音異旨」。

【一】謝靈運著有《十四音訓敘》一事，早已有一些學者注意到，並在文章中或多或少提到過。例如，比較早的，有逯欽立：〈四聲考〉，載其《漢魏六朝文學論集》（西安：陝西人民出版社，一九八四年）；興膳宏：〈宋書謝靈運傳論綜説〉，漢譯文載《中國文藝思想論叢》（北京：北京大學出版社，一九八四年）；馬淵和夫：《增訂日本韻學史の研究》（京都：臨川書店，一九八四年）。逯文中並輯錄了《十四音訓敘》最主要的一段佚文。較晚的，如饒宗頤討論唐以前悉曇學以及相關問題的一系列文章，前後分別收入其《中印文化關係史論集．語文篇》（香港：中文大學中國文化研究所、三聯書店有限公司，一九九〇年），以及《梵學集》（上海：上海古籍出版社，一九九三年）。歐美的學者，如荷蘭的高羅佩（R. H. van Gulik）、法國的戴密微（P. Demiéville）、美國的芮沃壽（A. F. Wright），著作中也有提及。不過，直至今日，仍有學者誤以為《十四音訓敘》已完全「不傳，內容不可考」。見曹述敬主編：《音韻學辭典》（長沙：湖南出版社，一九九一年），頁一九三，「十四音訓敘」條。本文寫作中，見到日本平田昌司〈謝靈運十四音訓敘の系譜〉，載高田時雄編《中國語史の資料と方法》（京都：京都大學人文科學研究所，一九九四年）。平田的文章，討論到有關《十四音訓敘》的各個問題，並附有輯錄的佚文。文章已經發表，因此本文在討論問題時儘量注意與平田文章在處理方法和內容上各有側重，輯佚的文字有所補充，對有的問題，看法則不同。

【二】《大正藏》卷五十，頁三六七上至三六八中。

經是指什麼經呢？當然這也是很清楚的，就是指靈運參加過「改治」的，在中國佛教史上最有名的經典之一的大乘《大般涅槃經》。靈運撰《十四音訓敘》一書，與《大般涅槃經》有關。更確切地說，是與《大般涅槃經》中講到梵文文字和語音的一節，即一般所稱的《文字品》一節有關。不過，所謂「十四音」，究竟是指梵文的哪十四個音，是不是就是梵文的十四個元音，卻從來就有許多爭論。[一]

但是此外也還曾經有過一點小問題。《慧叡傳》的原文，從慧叡的生平直書而下，有人因此認為，《高僧傳》的作者慧皎，在「於是著《十四音訓敘》」一句之前，省略了「慧叡」二字，著《十四音訓敘》的，是慧叡而不是謝靈運。[二]不過，這無論如何是錯誤的，對此幾乎用不著作討論。

二、《十四音訓敘》與《大般涅槃經》

《大般涅槃經》本來是印度大乘佛教的經典，原文是一種不太規範的梵文，傳到中國後被譯成為漢文。[三]漢譯的大乘《大般涅槃經》，現存的有三種：

（1）東晉法顯與印度來華僧人佛大跋陀合譯的六卷本。但經題的譯名稍有不同，稱作《大般泥洹經》。譯出地點在建康（今南京）道場寺，時間是在東晉義熙十三至十四年（四一七—

四一八年）。

（2）北涼曇無讖譯四十卷本。譯出地點在武威，時間是北涼玄始十年（四二一年）。這個譯本就是後來一般所稱的「北本」。

（3）南本《大般涅槃經》，三十六卷。劉宋僧人慧嚴、慧觀與謝靈運等根據前兩種譯本「改治」而成。過去說靈運參加譯經，就是指這件事。

不過，改治與翻譯其實是有區別的。這部經，舊題「宋代沙門慧嚴等依《泥洹經》加之」，其他古本或作「三藏曇無讖譯，梵沙門慧嚴、慧觀同謝靈運再治」，或作「北涼沙門

【一】參考饒宗頤《唐以前十四音遺說考》，收入p.123注一所引饒宗頤二書。饒先生文中列舉和考證了唐以前各家各派對「十四音」的不同解釋。饒先生舉出十幾種不同說法，都很有意思，有些還很有趣。

【二】例如梅維恒（V. H. Mair）與梅祖麟 (Tsu-lin Mei): The Sanskrit Origin of Recent Style Prosody，載 *Harvard Journal of Asian Studies*, Vol. 51 (1991), No. 2, p. 390。

【三】參見拙文〈略論大乘《大般涅槃經》的傳譯〉，載《季羨林教授八十華誕紀念論文集》，卷下（南昌：江西人民出版社，一九九一年）。這裡說「原文是梵文」，是因為已經發現了梵文原文的殘本。中國早期翻譯的佛經，原典並不全部是梵文，而有不少顯然是來自印度或者中亞其他的古語言，因此講到「原本」問題時，必須要考慮到多方面的情況。

天竺三藏曇無讖譯，梵宋沙門慧嚴、慧觀同謝靈運再治」，就說得很清楚。靈運等人「改治」的地點也在建康，但準確的時間不很清楚。依據隋碩法師《三論遊意義》的記載，曇無讖本在宋元嘉七年（四三〇年）始至揚州，俄爾至京師。【二】而靈運被殺，是在元嘉十年（四三三年），改治的時間因此當在元嘉七年與十年之間。又據《宋書》中靈運的傳記，靈運元嘉七年在會稽，八年因事返回京師，年末復往臨川赴任，此後在臨川因罪被捕，徙付廣州，十年在廣州被殺。據此推算，靈運參加「改治」《大般涅槃經》，以及「改治本」的完成，是在元嘉八年。新的「改治本」因為完成於南方，所以相對於先前的曇無讖本，一稱為「南本」，一稱為「北本」。其實，從內容上講，二者幾乎沒有差別，只是文字上「南本」比「北本」顯得較為雅馴。雖然後代許多人更推重南本，但是，如果要與原來的梵本作比較，或者打算通過譯本去探討原本的狀況，應該使用「北本」，而不是「南本」。這一點，本來很清楚，但可惜過去很多人一直沒有認識到。

法顯本卷五，有《文字品》一節，比較詳細地講到了梵文的一些語音知識。相應的一節，在北本《大般涅槃經》的《如來性品》。今引北本開首一段，原文是迦葉菩薩和如來佛的對話，在北本卷八：

> 善男子！所有種種異論、咒術、言語、文字，皆是佛說，非外道說。迦葉菩薩白佛言：世尊！云何如來說字根本？佛言：善男子！說初半字，以為根本，持諸記論、咒術、文章、諸陰實法。凡夫之人，學是字本，然後能知是法非法。迦葉菩薩復白佛言：世尊！所言字者，其義云何？善男子！有十四音，名為字義。所言字者，名曰涅槃。常故不流，若不流者，則為無盡。夫無盡者，即是如來金剛之身。是十四音，名曰字本。【二】

以下接著便是如來佛對五十個梵文字音逐一作詳細的解釋。南本中這一節，也在卷八，作為一品，也稱為《文字品》。靈運的書，為什麼稱作《十四音訓敘》，原因就在於，《大般涅槃經》中這段文字一開端便講到「十四音」，並且以「十四音」作為「字本」，其後才解釋其他的字音。上引《慧叡傳》講，謝靈運「諮叡以經中諸字並眾音異旨，於是著《十四音訓

【一】參見湯用彤：《魏晉南北朝佛教史》（北京：中華書局，一九八三年），頁四三四—四三五。

【二】《大正藏》卷十二，頁四一二—四一三上。以下所引三種《大般涅槃經》均出自《大正藏》卷十二，頁四一二—四一四中，頁六五三下—六五五中，頁八八七下—八八九上。具體頁碼不再注出。

敘》」，正是從這裡來的。它說明靈運因何而著此書，因何而有此書名。說明這一點，並非毫無意義，因為這牽涉到一千多年前，謝靈運這一類中國人，在怎麼一種情況下，通過什麼途徑，得到的關於梵文拼音的基本知識，以及他們當時對此瞭解的範圍和深度。

這裡還可能有一個問題就是，靈運撰《十四音訓敘》，準確的是在什麼時候？雖然從情理上推斷，應該也是在他參與「改治」經本的元嘉八年，但也許有人會問，法顯本早在義熙十四年就已經譯出，經文中也有「十四音」的內容，有無可能會在元嘉八年以前？答案是否定的。因為從現在所見到的靈運《十四音訓敘》中使用的譯字來看，靈運已經見到了北本，並且把北本作為他撰寫《十四音訓敘》時最重要的依據。這一點，本文的第四部分還要談到。

不過，也要說明，《大般涅槃經》中雖然講到梵文的五十字音，它本身卻並不是印度「聲明」一類的著作，作為佛經，它只是借講述這五十個字音來宣傳大乘佛教的教義。因此，經文中對每一個字音除了作神秘性解釋外，一般來說，並未講得更多。這種以解釋字音的方式宣講教義的作法，不能說是《大般涅槃經》最早發明，但卻在《大般涅槃經》中有新的發展。【一】明白這一點，也很重要。

三、《十四音訓敘》與《悉曇藏》

靈運《十四音訓敘》一書，早已佚失。歷代的文獻目錄，不管是《經籍志》、《藝文志》，還是佛教自身的經錄，以及其他的私家目錄，都未見著錄。唯一提到此事的，上面講了，只有慧皎的《高僧傳》。但是，慧皎只提到書名，約略講到一點有關書的事情，卻沒有進一步講到書的內容，更沒有像他常在《高僧傳》其他地方那樣的做法，抄錄一段或幾段原文。我們今天能具體知道其一部分內容，大部分要感謝後來的日本僧人，具體地講，是日本僧人安然。他在他編纂的《悉曇藏》和《悉曇十二例》兩書中大量抄錄了靈運原書的一些段落。安然是日本天台宗僧人。他編《悉曇藏》一書，在日本元慶四年（八八〇年），相當於中國唐僖宗廣明元年。在日本，他是傳悉曇學的大家之一。但安然實際上也未見到靈運原書，他的書，大部分又是轉引自中國唐代僧人慧均的《無依無得大乘四論玄義記》。慧均是隋代三論宗大師吉藏的學生，因為作過僧正，在書中常被稱為均正。慧均的這部書，常被簡稱為《大

【一】例如各種《摩訶般若波羅密經》、《大方廣佛華嚴經》、《普曜經》等數量很多的一批佛經。參見 p.123 注一所引馬淵和夫書第一篇第一章二節。

乘四論玄義記》或《玄義記》，在中國也早已佚失，卻存於日本，後來被收入日本人編的《續藏經》中。但遺憾的是，它被收入《續藏經》時，已經成為殘書。從現存的《玄義記》中，已經無法找到靈運書的引文，所以我們還是只有依靠安然的書。【一】不過，在安然之前，甚至在慧均之前，靈運的書也不是沒人引過，例如隋代章安大師灌頂的《涅槃經玄義文句》，其中就能找到一段。其他的書中，可能也還有。

四、《十四音訓敘》佚文輯考

下面將謝靈運《十四音訓敘》佚文輯錄出來。首先需要說明三點：第一、如前所述，《十四音訓敘》一書，現存的書中，安然的《悉曇藏》中引用最多。安然的書，最通行的有兩個版本，一個收入《大日本佛教全書》，另一個收入《大正新修大藏經》。這兩種書，都是規模極大的叢書，編成的時間雖然相差不遠，卻都收入了《悉曇藏》一書，輯錄時因此可以在文字上作一些校正。【二】輯出的文字大多出於《悉曇藏》，但也有兩三條，出自其他的文獻。這些文獻中，有的成書的年代比安然的書更早，因此也值得注意。輯書校書，雖片言隻字，亦如吉光片羽，不可不重視。第二、所謂佚文，標準比較寬泛。除了自成段落的幾段以外，安然及其他人書中凡是提到謝靈運的地方，有關的段落也都一律輯出。這些段落，引到靈運的書和說法，雖然往往只是寥寥數字，但對我們今天瞭解《十四音訓敘》的內容，卻是很重要。

第三、輯錄出的文字，從原則上講，很難，或者說不可能完全依照靈運原書的次序重新再排列起來。但是，如前所述，靈運的書，主要是配合《大般涅槃經》的譯出而寫成，因此，我以為有一個辦法也許可以使用，那就是不妨將輯錄出的文字逐段與《大般涅槃經》相應的一節，即《文字品》一節對照，以此作為基礎，排列輯錄出的文字。我這裡就是這樣做的，希望如此或可比較接近於靈運書中本來的次序。【三】

靈運的書，開篇的部分，推測應該有一段總論性質的文字。這段總論，應該首先是用來

【一】收入《續藏經》的慧均《玄義記》，標明為十卷，卷十中又闕卷一、三、四，卷五、卷八亦有闕文。但安然所見《玄義記》，分卷似乎不止十卷，因為所引靈運書的段落在卷十一。見《悉曇藏》卷七，《大正藏》卷八十四，頁四四三中。

【二】分別收入《大正藏》卷八十四，頁三六五上—四六二上和《大日本佛教全書》第三十冊，頁一至三八。以下從《悉曇藏》中輯出的文字只說明卷數，不再注出頁數。

【三】平田昌司上引文附錄一是將輯錄出的《十四音訓敘》佚文根據內容分為「序」和「五十字」兩部分，再將「五十字」部分分為「總論」、「母音 ṛ ṝ ḷ ḹ 的位置」、「吸氣音」、「半字和滿字」、「五十字的意義」五組。但我想嘗試儘量照靈運原書的形式來排列這些佚文。此外，我又補充了幾條，在文字的標點和校正上有的地方也略有差異。

解釋《大般涅槃經》開始的那一段經文。可以歸於此，並大致可以排列成序的幾段佚文有：

> 宋國謝靈運云：胡書者梵書，道俗共用之也，而本由佛造。故經云異論、咒術、言語、文字皆是佛說，非外道也。外道因此以通文字。胡字謂之佉樓書。佉樓書者，是佉樓仙人抄梵文以備要用。譬如此間《蒼》、《雅》、《說》、《林》，隨用廣狹也。

此段出《悉曇藏》卷一所引慧均《大乘四論玄義記》，因為所引「經云」一段在經文的最前面（見前「《十四音訓敘》與《大般涅槃經》」一節），估計在靈運原書中也屬於最前部分。胡書梵書，此處併舉，反映出當時中國人對西域及印度語言文字的認識所經歷的一個逐步深化的過程。

中國古時，稱西北方少數民族以及域外更遠的國家和人民為「胡」、「胡人」或「胡國」，由是而有「胡語」、「胡書」、「胡本」。後來與西方或「西域」交往漸多，知識增加，方才把印度的主要語言梵語與其他的「胡語」逐漸區別開。

東晉道安以前以至道安的時代，一律稱「胡」。有意識地作胡梵之分，過去多認為始自隋代彥琮。彥琮曾經在其《辯正論》中對此而有所批評：「至於天竺字體，悉曇聲例，尋其雅論，亦似閒明。舊喚彼方，總名胡國。安雖遠識，未變常語。胡本雜戎之胤，梵惟真聖之苗。根既懸殊，理無相濫。不善諳悉，多致雷同。見有胡貌，即云梵種；實是梵人，漫云胡族。莫分真偽，良可哀哉！」【一】其實，彥琮之前，對胡與梵以及二者之間的同和異，中國人中，已不是沒有認識。靈運此段文字，便是證明。不過，二者之間的同，靈運似乎知道得比較多，而二者之間的異，則似乎知道得比較少。大致說來，道安以前以至道安時代，漢地所來經本，胡梵皆有，胡本可能更多一些。其後梵本漸增，終至於到隋唐時幾乎全是梵本。靈運由晉入宋，正處在第二個階段。不過，梵本胡本，從語言上講不同，但胡書梵書二名，如果僅是泛指古代西域的文字，實在不易區別。因為現代學者依據考古發現的材料研究的結果知道，當時西域的各種胡語，大多屬於印歐語系，有文字的幾種，使用的文字也大多是從印

【一】見《續高僧傳》卷二，《大正藏》卷五十，頁四三八中。彥琮之後，論胡梵之辨的，還有北宋贊寧。見其《宋高僧傳》卷三，《大正藏》卷五十，頁七二三中至下。

度傳來的文字或者就此而略加改變的幾種變體。【一】

靈運此處稱「胡書者梵書」，意即謂此。至於說「本由佛造」，是佛教徒自己一家的說法，可以置之不論。靈運下文，接著又說「胡字謂之佉樓書」。按靈運此語僅有一半正確。說佉樓書為胡字不錯，但胡字不止佉樓一種。古代在印度及中亞使用的「胡字」，以大類分，至少有婆羅謎（Brāhmī）和佉樓（Kharoṣṭhī）兩種。狹義的梵書就是指婆羅謎字。佉樓又稱佉盧，或佉盧書、佉盧文，玄奘譯為「佉盧瑟吒文」，為印度一種古代文字，由右向左橫行，今早已不用。靈運謂「佉樓書是佉樓仙人抄梵文以備要用」說法則誤。印度傳說，佉盧文是佉盧仙人所造。這一傳說亦隨佛教而傳到中國。有意思的是，有關印度文字的知識，傳到中國後，又由中國人加以附會和發展。

典型的一例是梁代的僧祐，他在其所撰《胡漢譯經音義同異記》中專門論到中西文字的異同：「昔造書之主，凡有三人，長名曰梵，其書右行；次曰佉樓，其書左行；少者倉頡，其書下行。梵及佉樓居於天竺。黃史倉頡在於中夏。梵、佉取法於淨天，倉頡因華於鳥跡。文畫誠異，傳理則同矣。仰尋先覺所說，有六十四書。鹿輪轉眼，筆制區分。龍鬼八部，字體殊式。唯梵及佉樓唯世勝文。故天竺諸國謂之天書。西方寫經，雖同祖梵文，然三十六國往往有異，譬諸中土，猶篆籀之變體。」【二】僧祐時代晚於靈運。或謂漢文典籍中，提到佉盧文者，以僧祐此書為最早，其實靈運此段文字更早於僧祐。【三】靈運最後復以《蒼》、《雅》、《說》、《林》作譬喻。四種書都是靈運時代流行的文字工具書。當時不管佛教徒，還是與佛教徒接近的文人學士，好以中土事物比擬天竺諸事，謂之「格義」，此亦一例。上引僧祐之文，行文語氣和方式亦相似，是同一種情形。

> 謝靈運云：梵、佉樓為人名。其撮諸廣字為略，如此間《倉》、《雅》之類。從人立名，故言梵、佉樓。雖復廣略，還是世間之二字。

【一】關於古代西域尤其是在中國新疆地區使用的梵語或胡語的文字，可以參考 L.Sander: *Palaographischies zu den Sanskrithandschriften der Berliner Turfansammlung*, Wiesbaden: Franz Steiner Verlag, 1968。但 Sander 書主要講屬於婆羅謎字體一類的字母。關於佉樓書，則需要另外參考幾種著作。

【二】《出三藏記集》卷一，《大正藏》卷五十五，頁四中。

【三】林梅村編：《沙海古卷》（北京：文物出版社，一九八八年），頁二。靈運使用的這個譯名，顯然出自苻秦時來華的罽賓僧人僧伽跋澄所譯《鞞婆沙論》。比靈運更早，有「佉留」一名，見於西晉竺法護譯《普曜經》。參考饒宗頤《中國典籍有關梵書與佉留書起源的記載》，收入前引饒宗頤《梵學集》。

此段內容與上一段同，今從隋章安灌頂《涅槃經玄義文句》卷下抄出。【二】章安時代早於慧均，更早於安然，所見或是靈運原書。這說明，《十四音訓敘》一書，直至隋代，有可能還存在於世間。不過，章安所抄，文字較簡，大概也只是撮抄的原書大意。

謝靈運云：

所有文字，皆是過去迦葉等佛所說，外道偷安己典。釋迦一化，在外道後者。今據諸經。然梵文者，成劫之初，梵王所出。至住劫時，俱樓孫佛滅後，佛慧比丘之時，外道創起。

謝靈運云：

梵言本由佛造，過去迦葉等佛所說。外道拾得，安置己典。

以上二段在《悉曇藏》卷一，亦是由安然從慧均《玄義記》中抄出。兩段文字，從內容上看，實出自同一原文，而簡略不同。佛教所傳，釋迦之前，有六佛，加上釋迦牟尼，共有七位佛，合稱過去七佛，迦葉佛和拘樓孫佛都在其中。佛教又有成、住、壞、滅四大劫的說法，住劫在第二。此處所講，都是神話傳說。所謂「外道偷安己典」，則是靈運對最前所引《大般涅槃經》一段經文的解釋。靈運的說法，出於「諸經」。

《大般涅槃經》在「言語文字皆是佛說」一段以後，即依次舉出「五十字」，並一一解釋。以下輯出的佚文大都與此有關：

謝靈運云：諸經胡字，前後講說，莫能是正，歷代所滯，永不可解。今知胡語，而不知此間語，既不能解；故於胡語中雖知義，不知此間語，亦不能解。若知二國語，又知二國語中之義，然後可得翻譯此義，以通經典。故叡法師昔於此研採經義，又至南天竺國，經歷年歲，頗曉胡語。今就叡公是正二國音義，解釋經中胡字曉然，庶夫學者可無疑滯。粗為標例在後，差可推尋云爾也。胡字一音不得成語。既不成語，不得為物名。要須字足，然後可得名物。不牽他語足句，則語不成。皆隨其他

【一】《續藏經》第一輯，第五十六套，第二冊，頁一七六，第一面。又見《大正藏》第三十八卷，頁十二下。

語，足其上字得也。此間語或有名同而字異，異字尋同名得其語意。得其語意者，如食時求脯臘之脯，木作時求斧鋸之斧，隨言而取，得旨故不謬。至於字時，各有異形。今胡書意不然，皆字聲對，無有共聲通字者也。

此段在《悉曇藏》卷一，亦是從慧均《玄義記》中抄出。前引第一段佚文，即已講到「胡字」，此段佚文亦以「胡字」開頭，放置此處，或較適宜。但其內容，則主要討論胡語譯漢語，包括梵語譯漢語的理論。此段可注意者有三點：第一、靈運所論，於研究中國翻譯理論史，實為重要一節。靈運所謂「若知二國語，又知二國語中之義，然後可得翻譯此義，以通經典」，在今日看來，是平常之論，但在一千五百多年前的當時，能有此認識，實不能不予以注意。在中國佛教史上，由於翻譯佛經而特別研究翻譯的理論和方法，在靈運之前，有道安和慧遠，在靈運之後，又有僧祐、彥琮和玄奘等。各家都有高論，此處不詳舉。第二、靈運撰書時與慧叡的關係。這與《高僧傳》中前引那一段記載互相映證。此處又稱叡公在南天竺所學為「胡語」，以及《大般涅槃經》「經中胡字」，足證靈運所稱「胡語」、「胡字」，實際也包括「梵語」、「梵字」。如前所說，對梵胡異同的認識，靈運還處在第二階段上。關於慧叡在印度的經歷，與《十四音訓敘》內容的關係，後面還將談到。第三、靈運對梵語或胡語語言特點和性質的認識。梵語胡語無論語言結構還是拼寫方法，都與漢語大不相同，所以靈運特別強調「胡字一音不得成語。既不成語，不得為物名。要須字足，然後可得名物」，同時還要強調「不牽他語足句，則語不成。皆隨其他語，足其上字得也」。

這點道理，今天的人，只要學過一點外語，很容易理解，但是退回一千五百多年，這種對梵語一類印歐語系的語言的知識，對中國人來說，卻十分新鮮。對於當時和後來中國人對語言音理的認識，實際上意義非同一般。梁代僧祐，在靈運之後約一百年，尚且感嘆「胡字一音，不得成語。必餘言足句，然後義成。譯人傳意，豈不艱哉？」足見要達到這一認識並付諸實踐，其間有個過程，而且並不容易。【一】

宋國謝靈運云：

《大涅槃經》中有五十字，以為一切字本。牽彼就此，反語成字。其十二字，兩兩聲中相近。就相近之中，復有別義。前六字中，前聲短，後聲長。後六字中，無有

【一】見僧祐《胡漢譯經音義同異記》。

長短之意。但六字之中，最後二字是最前二字中餘聲。又四字非世俗所常用，故別列在眾字之後。其三十四字中，二十五字聲從內出，轉至脣外；九字聲從外還內。凡五字之中，第四與第三字同，而輕重微異。凡小字皆曰半字。其十二字譬如此間之言。三十四字譬如此間之音（者？）。音（者？）以就言，便為「諸」字。譬如「諸」字，兩字合成，名滿字。聲體借字，以傳胡音。後別書胡字。

噁、阿、億、伊、郁、優、哩、野、烏、炮。右十字，兩聲中皆兩兩相近。

庵、阿。右二字是前噁、阿兩字之餘音。若不爾者，音則不盡一切字，故復取二字以窮文字。足前十字，合為十二字也。

迦、呿、伽、恒、俄。此五字舌根聲。

遮、車、闍、饍、若。此五字舌中聲，亦云牙齒邊聲。

吒、咃、茶、袒、拏。此五字近舌頭聲。

多、他、陀、彈、那。此五字舌頭聲，亦云舌上聲。

波、頗、婆、潎、摩。此五字脣中聲，亦云脣上相搏聲。

虵、囉、羅、啝、奢、沙、娑、呵、荼。此九字還脣裡聲。至舌頭，凡有三十四字音。

魯、流、盧、樓。此四字是前三十四字中不取者，世得罕用，後別出之都合五十字。【一】

以上一長段在《悉曇藏》卷五，亦是安然抄自慧均《玄義記》。前講「十四音」是「字本」，此處又說「五十字」是「字本」。「字」或「字本」一詞，梵文的原文看來是 **akṣara**。「牽彼就此，反語成字」一句，意謂每個字，是由輔音和元音拼合而成。其中「反語」一名，六朝時人常用，使用時往往有不同的意思。靈運此處借用來說明輔音和元音的拼合，在意思上與反切相通。【二】

以下講十二字，即梵文的十二個元音。靈運的字母表中列出的有：a, ā, i, ī, u, ū, e, ai, o, au, aṃ, aḥ。但這與印度一般通行的字母表不完全一樣。例如當時通行的一種梵文語法書 *Kātantra*，舉列元音，有十四個。語法學家解說，是前十個元音，加上四個流音 ṛ, ṝ, ḷ, ḹ，卻不

【一】安然書中的字母表，先寫出悉曇字，然後標注譯音字，此處略去悉曇字。我的看法，這些悉曇字不大可能是靈運原書中有的。

【二】顏之推《顏氏家訓》卷七「音辭」講到的「反語」，指反切。靈運此處，亦頗近於「格義」。

包括aṃ和aḥ。[一]所謂「兩兩聲中相近」，指十二個音，分為六組，每兩個音相近。即a, ā, i, ī, u, ū, e, ai, o, au, aṃ, aḥ。[二]十二音中，前六個音又有長短之分。靈運由此而講「前六字中，前聲短，後聲長。後六字中，無有長短之意。」[三]十二音中最末二音，aṃ稱為anusvāra, aḥ稱為visarga或者visarjanīya。它們雖然始終跟在元音後面，但如果嚴格一些，算不算元音，在古代印度語法學家中，尚有爭議，所以此處也稱作「餘聲」或「餘音」。

「四字」則指梵文的四個流音ṛ, ṝ, ḷ, ḹ。四個音本屬元音。但位置應該放在哪兒，從來問題最大，爭議也最多。《大般涅槃經》中是放在五十字的最末。靈運書依《大般涅槃經》作解說，所以說「非世俗所常用，故別列在眾字之後」。[四]以下接著列出三十四輔音。靈運講，「其三十四字中，二十五字聲從內出，轉至脣外」，是指排列成五組的梵文二十五個輔音，每組的發音位置依現代的講法，依次為喉、腭、頂、齒、脣。梵文輔音的發音部位，古說多不明瞭，又多錯誤，而靈運此處所說，則最近於實際。

不過，「九字聲從外還內」卻似乎有些問題。九個字的發音部位，依照音理，依次是腭、頂、齒、脣，再是腭、頂、齒，再是喉，最後是一個複合輔音。發音部位既「從外還內」，也從內到外。後來的悉曇家講「遍口聲」，倒頗切近事實。靈運以下又講「凡五字之中，第四與第三字同，而輕重微異。」指送氣音與不送氣音的區別。對照法顯本，可以知道這是從法顯等人的譯法而來。至於所講的「聲」和「體」的說法，也很值得注意。「聲」即後來所講「聲勢」，「體」即後來所講「體文」，都是講悉曇和等韻常用的術語。但文獻中最早所見，應推靈運此書。下面列出五十個譯音字，實際是一個字母表。

這裡值得注意的是，如果把靈運書中的五十個譯音字和三種《大般涅槃經》中的譯音字逐一對比，就會發現，靈運撰書時，主要依據的，既不是他自己參與改治的南本，也不是法顯本，而是北本。由此可以說明，靈運自己，雖然有改治經本之舉，但他最重視的，是北

【一】Kātantra 1.1.2.: tatra caturdaśādau svarāḥ. 以及 Durgasiṃha 的注。此處根據的是 J. Eggeling 的校刊本 *The Kātantra with the Commentary of Durgasiṃha*, Culcutta, pp.1874-1878。參見 B. Liebich: *Zur Einführung in die indische einheimische Sprachwissenshaft*, I, Kātantra, Heidelberg, 1914, p.14。

【二】對比 *Kātantra* 1.1.4.: teṣāṃ dvau dvāv anyonyasya savarṇau. 但 *Kātantra* 排除了 e, ai, o, au, aṃ, aḥ，而把四個流音包括進來，因此不是六組十二個音，而是五組十個音。

【三】對比 *Kātantra* 1.1.5.: pūrvo hrasvaḥ. 和 1.1.6.: parodīrghaḥ。

【四】饒宗頤先生曾經很詳細地討論過有關四流音的一些問題，見 p.123 注一引饒宗頤書。饒先生對此有很多極好的見解，雖然在有些方面我有不同看法。業師季羨林先生寫過一篇文章《梵語佛典及漢譯佛典中四流音 ṛ ṝ ḷ ḹ 問題》，專論流音，最宜參考。季文載《季羨林佛教學術論文集》（台北：東初出版社，一九九五年）。

本。瞭解這一點，對我們準確地理解和解釋靈運書中的內容，也很重要。

為清楚起見，以下依靈運書中原來的次序，重新用拉丁字母轉寫出上表中的五十個梵文字母：

a ā i ī u ū e ai o au

aṃ aḥ

ka kha ga gha ṅa

ca cha ja jha ña

ṭa ṭha ḍa ḍh ṇa

ta tha da dha na

pa pha ba bha ma

ya ra la va śa ṣa sa ha kṣa

ṛ ṝ ḷ ḹ

與字母表對照，靈運的話，大多很清楚。前五組輔音，後來的悉曇家稱作「五毗聲」，靈運未講，但在每一組後以舌和脣作為基準，對發音部位作了解釋。他的解釋，可說是相當地準確。雖然《大般涅槃經》的經文已經講到了「吸氣」、「舌根」、「隨鼻」、「長」、「短」、「超聲」，以及「隨音解義，皆因舌齒而有差別」，但並未講得如此詳細。靈運對發音部位的知識從哪裡來？推想這就是他「諮（慧）叡以經中諸字並眾音異旨」的結果之一。

《大般涅槃經》的文本，雖然一開始就講「十四音」，但在第一段中卻只列舉了十二個元音的譯音字。怎麼解釋？歷來有種種不同說法，大多與四個流音的地位有關。靈運列出的字母表，與經文一致，流音列在最後，書中關於流音的段落因此可以放置於此。

第四謝靈運解云：以後魯流盧樓四字足之。若爾則成十六，何謂十四？解云：前庵、阿二字非是正音，止是音之餘勢，故所不取。若爾前止有十，足後四為十四也。問：若以後四字足之者，何不接次解釋，而後別明此四字耶？彼解云：後之四字世希用，故別明也。

此段出《悉曇藏》卷二所引吉藏《涅槃疏》文。吉藏為陳隋間名僧，又稱嘉祥大師，撰《玄義記》的慧均就是他的學生。吉藏講《大般涅槃經》，作注疏。今《大藏經》中尚存其《涅槃經遊意》一書。可惜安然所引《涅槃疏》原書也已經佚失。吉藏書中謂「十四音」有七解，一一列舉，此是第四。接下來第五、第六又提到謝靈運：

第五真諦三藏解云：與謝公同。云後四字足之而復小異者。

真諦即陳真諦。陳真諦是中國佛教史上最有名的譯經僧之一，西印度人，蕭梁時從海道來華。他對「十四音」的解釋與靈運相同。

第六梁武解並彈前來諸師。彼彈：前云書缺二字者，爾時去聖久，所以缺二字，今聖人出世，何得言缺耶？次宗法師以悉曇足之者亦非。悉曇自吉祥，何關十四音耶？次彈謝公以後四字足之者，此是外道師名葉波跋摩，教婆多婆呵那王以後四字，是為十四音，實非音也。何以知之？此曼陀羅禪師傳述彼事，文云：邊海崑崙未體此旨，亦習外道之氣，乃至彼國小乘學者，亦復如此，故不得以後四字足也。

梁武即南朝的梁武帝。梁武帝極熱心佛教，曾講《大般涅槃經》，並作疏一百卷，稱為《制旨大涅槃經講疏》，可惜也是早佚失了。梁武的解釋中，最值得注意的是提到了印度的「外道師」葉波跋摩。這正是前面提到的，印度有名的梵文語法書 *Kātantra* 傳説的作者 Śarvavarman，在安然《悉曇藏》中另一處地方，名字又翻作攝婆跋摩。婆多婆呵那一名，第一個「婆」字應作「娑」。婆多婆呵那王即娑多婆呵那王，梵文原文是 Śātavāhana。印度方面的傳説，攝婆跋摩是南印度國王娑多婆呵那王的國師，為教國王學習梵語而編寫了 *Kātantra* 一書。【一】

前面講了，*Kātantra* 中，正是講「十四音」，十四音中又完全包括 ṛ、ṝ、ḷ、ḹ 四個流音。但梁武帝不同意謝靈運以四流音補足「十四音」，認為這與外道所傳無異。梁武的説法，顯然得自梁天監初年（五〇二年）從扶南來華的僧人曼陀羅。梁武帝沒有提 *Kātantra* 一書的書名，但聯想到靈運從慧叡諮詢而撰《十四音訓敘》，慧叡有關梵文的知識，又得自他在印度，尤其是在南印度的經歷，我們可以推論，靈運和慧叡所主張的「十四音説」中關於流音的那一部分內容，應該説與 *Kātantra* 是一個來源。

【一】參見 H. Scharfe: *Grammatical Literature, A History of Indian Literature*, ed. by J. Gonda, Vol. V, Fasc.2, Wiesbaden: Otto Harrassowitz, 1977, pp. 162-163。

以上三段，又見於日本求法僧淳祐的《悉曇集記》卷中。〔一〕淳祐的書，撰成於日本天慶五年，即中國後晉天福七年（九四二年），也比較早。不過他大概也是轉抄的。

《文字》云：《澤州疏》云，十二音中，除庵，阿二字是助音，故除此二字，為十四音。若據經本，但言十四音，名為字母。不言庵、阿，非正音也。十六、十四，差異（舛？）不同。如言二月十五日涅槃，八月八日涅槃，見聞不同，流例非一。今但依經憑疏，隨字略釋。所言庵、阿非是正音，是助辭者，經雖不言，據理應爾。如文言炮者為大乘義，於十四音是究竟義。此謂前十字並魯等四，說十四音，十四音字義無缺也。魯等四字，梵本合在十二字，優下哩上，故除庵，阿，為十四音。所言庵、阿為助辭者，據經有理。文云庵者，解遮一切諸不淨物，表前遮惡。阿者，名勝乘義，表前大乘於諸經中最為殊勝。此為助辭，稱讚聖教也。此乃經義疏意。真諦三藏及謝居士皆同此說。

這一段也在安然書中卷二。文中並沒有直接引到靈運原書，但也是最後提到靈運，因此在此處輯出。文中提到的《文字》一書，全名是《涅槃文字》，書早佚，作者亦不詳，賴安然書而知其部分內容。《澤州疏》即《澤州涅槃疏》，為隋代慧遠所著，書名又稱《大般涅槃經義記》，十卷，今存，收入《大正藏》第三十七卷。慧遠，敦煌人，初在澤州東山古賢谷寺出家，後居洛陽淨影寺，事跡見《續高僧傳》卷八。傳中即提到慧遠著有《涅槃疏》十卷。【二】慧遠是隋代最有學問的僧人之一，所著《大乘大義章》，最是有名。慧遠以四流音補足十四音的主張，與靈運相同，可以說是繼承了靈運之說。靈運和真諦，時代都在慧遠之前。但安然的書，在羅列材料時，卻從來很少注意年代的先後。這是一例。

《大般涅槃經》原文，對「五十字」中每一個「字」，有詳細的解釋。原書的結構，是每一個字，聯上一個或幾個梵文詞，說明這些梵文詞的意思，再由此生發出一大段神秘化的解釋。靈運的書，本是因《大般涅槃經》而作，估計行文也應配合經文，逐一有所解釋。在安然的書中，有關的段落一共可以找到八處，實際上也是安然從吉藏的《涅槃疏》抄出，其中間或提到靈運書中的片言隻語，用作「字義解釋」。可惜現存的只有這麼一點兒內容。有關的段落都集中在《悉曇藏》卷七。以下將此數段文字輯出並試作一些說明。

【一】《大正藏》卷八十四，頁四八二下。
【二】《大正藏》卷五十，頁四八九下—四九二中。

伊者，彼云「伊奢支」。《謝論》翻為「此」，則如下云，此是佛經，此是魔説。真諦三藏翻為「無垢」。

「謝論」即指謝靈運的《十四音訓敘》。由此我們可以知道，靈運的書，當時還有《謝論》一名。這一段，原文要解釋的是「伊」，但指的是所謂「短伊」，而不是「長伊」，在前面所錄謝靈運全面解釋五十字一段中，翻作「億」，即梵文的短元音 **i**。文中舉了「伊奢支」一詞為例，再引謝靈運的意譯，解釋為「此」，又引陳真諦的意譯，解釋為「無垢」。平田昌司嘗試把「伊奢支」還原為中世印度語 **eṣā** 即 **etad** 的一個構擬的中世印度語的形式 **īṣā-ka** (?)，這樣音值雖然相符，從意思上解釋卻存在問題。我的看法，伊奢支一詞，未必是靈運書中原來的詞語，而很可能是吉藏或其他人舉出的例子。這裡的「彼云」二字，不必是指謝靈運。《大般涅槃經》經文中也沒有這個詞。《謝論》翻為「此」，如果要找原文，我以為就是梵文的指示代詞 **idam**，它的語法變化形式很多都以短元音 **i** 開頭。[二] 同樣的道理，陳真諦譯為「無垢」，在意思上就完全清楚了。「無垢」一詞，梵文是 **vimala**。真諦這裡是要用 **vimala** 一詞中的 **i** 來説明「短伊」。再看《大般涅槃經》有關的一段經文：

億者，即是佛性。梵行廣大，清淨無垢，喻如明月。汝等如是應作不作，是義非義。此是佛說，此是魔說。故名億。

靈運的「此是」一例和真諦的「無垢」一例，都是從此而來。「伊首羅」，《謝論》翻為「自在」。這也是要解釋「伊」字，但和前面的「伊」不同，不是「短伊」，而是「長伊」，即梵文長元音 ā。安然書中舉字，並沒有統一的規矩。這是一例。此處舉出「伊首羅」一詞，是不是出於靈運原書，不清楚。但《謝論》翻為「自在」，指的是梵文詞 Īśvara。Īśvara 又是印度有名的大神的名字，佛教諸神中也有他，即常稱的「自在天」。不過，此處實際上只是要利用 Īśvara 一詞中的 ī 音。這也是《大般涅槃經》經文中所舉列的：

伊者，佛法微妙，甚深難得。如自在天、大梵天王，法名自在。若能持者，則名護法。又自在者，名四護世，是四自在，則能攝護《大涅槃經》，亦能自在敷揚宣說。

【一】平田昌司似乎想通過分析靈運書佚文中的一些詞語，來推測它們不是來自梵語，而是來自俗語。但我以為這樣不大可能，也沒有大的必要。因為首先很難判斷我們看到的這些詞語是否是靈運自己所引，有一些明顯的不足。其次，實際上，靈運書涉及的有關梵語和胡語的知識是很初步的，他撰書時的情形，和翻譯佛經不一樣。見平田文頁三六—三七。

又復伊者，能為眾生，自在說法。復次，伊者為自在，故說何等是也？所謂修習方等經典。復次伊者，為斷嫉妒，如除稗穢，皆悉能令變成吉祥，是故名伊。

這裡有一連串的「自在」，也就是一連串的 i 音。

今短憂，名「憂哆邏」，《謝論》翻為「上」，以其最上，所以樂也。真諦三藏翻為「最勝」。

這一段解釋「短憂」，即梵文短元音 **u**。文中舉的例子是「憂哆邏」，《謝論》翻為「上」，真諦翻為「最勝」。梵文詞是 **uttara**。這是《大般涅槃經》經文中所舉列的詞。但北本在此處用的譯音字是「郁」，而不是「憂」。前面所錄謝靈運全面解釋五十字一段中，也是「郁」。上面講了，與靈運書相表裡的，三種《大般涅槃經》中，是北本。因此「短憂」一詞，只是安然書中選用的，不是《十四音訓敘》中的原字。北本有關的一段是：

郁者，於諸經中最上最勝，增長上上，謂大涅槃。復次，郁者，如來之性，聲聞緣覺所未曾聞。如一切處，北郁單越最為殊勝。菩薩若能聽受是經，於一切眾，最為殊勝。以是義故，是經得名最上最勝。是故名郁。

實際上，這段經文中還舉了一個詞，來說明 u 音，就是「北郁單越」。原詞中也有一個 uttara。（與北郁單越一詞相應的梵文是 uttarakuru，但前者不是譯自後者，而是譯自另一個詞 uttaravatti。）

> 野者，外國言「野折」。真諦三藏翻為「利益」，此亦從前文生。前即開如來與涅槃，次分別其不異，今明如此異不異義，並能利益眾生，故有今文也。《謝論》翻為「如來」，文中具明有此意。《謝論》得其前，三藏得其後也。

這一段解釋「野」字，即梵文的複合元音 ai。此處講，《謝論》翻為「如來」。「如來」一詞，如果作為專名，梵文是 tathāgata。但這很費解，因為 tathāgata 這個詞裡沒有 ai 這個元音。答案還是只能從《大般涅槃經》經文本身中找。北本《大般涅槃經》有關一段是：

野者，如來靜止曲申舉動，無不利益一切眾生，是故名野。

所謂真諦翻的「利益」一詞，來源也在這兒。但是問題還是沒有解決。為了解決這個問題，可以設想，《大般涅槃經》的這段原文中，至少有一個詞，是有 ai 音的。這個詞極有可能是 **aisit**，即動詞 **i** 的第三人稱單數的不定過去式，或者它在佛教梵語中的一個類似的形態，配上 **tathāgata** 做主語，意思與「靜止曲申舉動」也相近。法顯的譯本，用了同一個譯音字「咽」，分別兩處，前一個代表 **e**，後一個代表 **ai**。相應於後一個「咽」的一段的譯文是：

咽者如來也，有來去義，以是故說如來如去。

正好可以證明我上面的設想，**aisit** 就是「來去」義。只是法顯所使用的原本或者是他對原文的理解與曇無讖似乎不完全一樣。【一】至於說「外國言野折」，我相信它是吉藏所舉，從哪裡來，抄寫中有無訛誤，一時還難斷定。

闍者，此第三字。釋前第三伽字，前伽字名庫藏，明煩惱復佛性。今釋：彼云

「闍羅」。三藏翻為「不老」，明雖為煩惱所復，終不變老也。《謝論》翻為「生」，生猶不老也。

這一段解釋「闍」字，即梵文輔音字母 j。舉的例詞是「闍羅」，梵文可以還原成 jara。但 jara 一詞的意思不是「不老」或者「生」，恰恰相反，是「老」或者「變老」。因此，從表面上看，無論謝靈運，還是陳真諦，他們的解釋都錯了。但是問題不是這麼回事。答案仍然要從《大般涅槃經》經文本身去找。北本《大般涅槃經》有關一段是：

闍者，是正解脱，無有老相，是故名闍。

而法顯本相應的一段漢譯是：

【一】佛教的經典，在流傳的過程中，文本常常發生變化。法顯使用的《大般涅槃經》的原本，未必與曇無讖使用的原本文字上完全一樣。參見前引拙文〈略論大乘《大般涅槃經》的傳譯〉。

闍者，生也。生諸解脫，非如生死危脆之生，是故說闍。

經文很通順，意思也很清楚，法顯本比曇無讖本尤其更清楚一些。《大般涅槃經》使用的例詞，在原文中一定是 jati 或者動詞 jan 的某一個或幾個變化形式。如果依照曇無讖的譯本，也還有 jara 一詞。目的都是要解釋字母 j。謝靈運要解釋的，是法顯本中的 jati。而真諦要解釋的，不只是 jara 這個詞，而是「無有老相」這一句經文。【一】不過，此處把「闍羅」和靈運對「闍」字的解說「生」以及真諦的解說「不死」都一古腦兒串在一起，實在把人攪得糊裡糊塗。我因此有些懷疑，不管這段文字是出於吉藏還是安然之手，他們是否真正弄清楚了經文與各種解說之間的關係，甚至明不明白有關的幾個梵文詞的意思？這也表明，安然的書中，不是沒有自相矛盾的地方。【二】或者安然一類悉曇家的梵文程度，需要打些折扣。類似的錯誤，在安然的書中，並不止一處，我們下面還會遇到。（我有時想，在處理類似的一些問題時，應該考慮到古代悉曇家以至於其後的等韻學家，在不同時候，不同條件下，梵文程度會有不同。因此常常引發出許多問題，使人對他們的一些似通非通的說法很難理解。）再有，這也證明，靈運撰寫《十四音訓敘》時，作為最主要的根據，手邊既使用曇無讖本，也使用法顯本。這同他「改治」《大般涅槃經》是一樣的情形。這還說明，靈運的書，很大一部分在解釋經義，或者說就經中的內容作提示，而不僅是在講聲韻。當然，依照靈運當時的情形，他這樣做，完全可以理解。

《謝論》云：「陀囊」者，亦翻為「布施」者。

這裡舉「陀囊」一詞為例，解釋的是「陀」字，即梵文輔音字母 d。「陀囊」的梵文原文是 dāna，取其 dā 音。「陀囊」意譯為「布施」，這也緊扣經文本身：

陀者，名曰大施，所謂大乘，是故名陀。

【一】平田昌司說，這裡的譯語與意思不符。似乎也不是很清楚這裡的問題所在。其實這裡不存在意思符與不符的問題。見平田文，頁三七。

【二】舉一個例子，《悉曇藏》卷一論及「梵文本源」時提到僧叡和鳩摩羅什，講：「僧叡法師是什門人。什生龜茲，東天竺人，所傳知是東天本也。」《大正藏》卷八十四，頁三七二下。龜茲與東天竺相距萬里，怎麼可以扯在一起？說鳩摩羅什是東天竺人，並由此推斷所傳為東天本，安然錯得太遠了。

「大施」、「布施」，一個意思。和者，亦作禍字。此翻為「多」。則是釋前第三字，既云大乘不動，人疑：若大乘不動者，應為說大乘，何得復說小乘？今釋：此如多有草木。多，大者自得多，小者自得小，大小隨緣。佛說教亦爾也。此是三藏意。《謝論》翻為「雪」，雪猶多也。

這一段解釋「和」字，即梵文輔音字母 v。照前引一段佚文中的寫法，「和」也寫作「啝」，後一個字寫法特殊，但卻是正確的。此處說《謝論》翻為「雪」。北本《大般涅槃經》相應一句經文是：

> 和者，如來世尊為諸眾生，雨大法雨，所謂世間咒術、經書，是故名和。

由此看來，安然書中的「雪」字，應是「雨」字之誤。「雨」的梵文原文，是 varsa，其中的 va，正與「和」音相合。但安然書說，此翻為「多」，卻不好解釋。我想到一個梵文詞，是 sarva 或 sarvva，其中有 va 音，意思上也相合，可能是這句話的根據。法顯本相應的一句譯文是：

和者，一切世間咒術製作，菩薩悉説，是故説和。

可以證明我的設想是對的。不過，書中接下來説，「雪猶多也」，卻真有點匪夷所思。因為即使把「雪」改正為「雨」，二者在意思上無論如何也拉不到一起來。或者所謂「雨猶多也」，是指兩個字中都有一個 va 音。但我仍懷疑撰書者在這裡是否真正理解了這些字詞原來的意思以及相互之間的關係。

賒者，真諦三藏翻為「箭」。《謝論》翻為「刺」，謂能遠離三毒箭也。

這一段解釋「賒」字，即梵文輔音字母 ś。前引一段佚文中，「賒」也寫作「奢」。舉例和解釋仍然與《大般涅槃經》相應一句經文緊密相關：

奢者，遠離三箭，是故名奢。

這是利用梵文詞 śara 來作解釋。謝靈運翻為「刺」，真諦翻為「箭」，都很合適。就《大般涅槃經》經文本身而言，重點其實並不是講梵文字母，而是要宣傳教義。但是，可以想像，這樣的經文，翻譯成漢語，如果沒有一點梵文知識，很難真正理解。靈運撰書，目的之一，就是為解決這個問題。

《大般涅槃經》的經文，在舉列完「五十字」後，還講了一點發聲原理。《悉曇藏》卷二也有一處地方，提到靈運的書，與此有關：

> 《謝論》不噵九字是吸氣聲，而云九字從外入內也。

這也是引的吉藏的《涅槃疏》，只有「九字從外入內」一句才是靈運書中的原話，前引靈運討論「五十字」一節中作「九字聲從外入內」。《大般涅槃經》的經文，提到吸氣、舌根、隨鼻、長、短、超聲：

> 吸氣、舌根、隨鼻之聲，長、短、超聲，隨音解義，皆因舌齒而有差別。

舌根聲就是現在一般稱作的喉音，前面已經講到過。隨鼻就是 anusvāra。長聲和短聲指長短元音。超聲指 y,r,l,v,ś,ṣ,s,h,kṣ 九個音。以這九個字或音為吸氣聲，靈運的書，並沒有提到。靈運的講法，前面已經討論過。不過，吉藏這樣講，反映了六朝時人對音理的探求。

《大般涅槃經》以下文字，講到有名的「半字滿字」之說。對此謝靈運也有所解釋：

> 謝靈運傳惠觀法師解云：以音為半，字音合說，名之為滿也。

此句在《悉曇藏》卷七。惠觀即慧觀。靈運與之合作，改治《大般涅槃經》。惠觀的生平事跡，見《高僧傳》卷七。【一】

> 謝靈運云：猶如真旦「諸」字，若直「言」字，名為半字。若加「者」，名為滿字。

【一】《大正藏》卷五十，頁三六八中至下。

此句《悉曇十二例》所引。【二】《悉曇十二例》的作者，也是安然。《大般涅槃經》有關「半字滿字」的一段經文，就其本意而言，不過是一種比喻：

> 是故半字於諸經、記論、文章而為根本。又半字義者，皆是煩惱言説之本，故名半字。滿字者，乃是一切善法言説之根本也。譬如世間為惡之者，名為半人。修善之者，名為滿人。如是一切經書、記論，皆因半字而為根本。

半字滿字，作為一種比喻，對於使用拼音文字的人而言，很容易理解，只是當時對於中國人來説卻是一件新鮮事。至於當時和後來的佛教徒對此所作的形形色色，各種各樣的解釋，有些雖然也很有意思，但大多已經超過了本文想要討論的範圍，此處就不再多講了。

五、謝靈運所傳「十四音説」的源和流

首先要説明，這是一個相當複雜的問題。前面已經舉列的香港饒宗頤先生、業師季羨林先生，以及日本平田昌司先生的文章都已從不同角度涉及到此，但有關的問題太多，還大有深入的餘地。在此，我只能比較簡要地説明我的一些看法。

我把問題分作源和流兩個方面，先講源。十四音的最初的源，在印度。這沒有問題。前面已經說明，謝靈運關於十四音的知識，首先得自《大般涅槃經》。由讀《大般涅槃經》為起因，他又「諮（慧）叡以經中諸字並眾音異旨」，進而寫出《十四音訓敘》一書，因此靈運這方面的知識又有一部分來自慧叡。所以我們可以從這兩處來源來考慮問題。

關於前者，到目前為止，我還是相信經錄和僧傳裡的記載，認為《大般涅槃經》的原本主要是從中印度來的，當法顯和曇無讖見到時，原文是梵文。而且，原文中講的就是「十四音」，而不是其他。【二】由於《大般涅槃經》在中國的地位和影響，雖然在靈運前後，傳入中國的也有「十二音」、「十六音」等不同說法，但最廣為人所接受的，是「十四音」說。關於後者，靈運對四流音的解釋，《大般涅槃經》中本身沒有，可以相信，大部分是從慧叡得來。慧叡在印度學習「音譯詁訓，殊方異義」，其中應該就有典型的講「十四音」的梵文語法著作 *Kātantra*。再有，「十四音說」在傳到漢地以前，早已先傳到了中亞。至晚到公元四五世紀

【一】《大正藏》卷八十四，頁四六二中。

【二】至於《大般涅槃經》經文本身，為什麼講十四音，以及十四音中四流音的地位，牽涉到佛教最初使用的語言，佛經語言從俗語到梵語的轉變，大乘佛教和小乘佛教的關係等一系列問題，非常複雜。這裡不可能作詳細討論。參 p.143 注四所引季羡林先生文。

時，*Kātantra* 已經在中亞，包括現在中國的新疆地區廣泛流行。在此之前，大約三世紀時，還有當時有名的佛教說一切有部的僧人拘摩羅多（Kumāralāta）的梵文語法著作 *Kaumāralāta*。[二]十四音說通過其他僧人傳到漢地，也有可能。這些，也都可以是靈運講的「十四音說」的源。

再說流。「十四音說」一經傳入中國，就受到空前的重視。靈運的書，便是證明。其原因也可以從兩方面來看：第一、歷史上從魏晉南北朝以至隋唐，佛教在中國得到大發展，文人學士少有不對佛教發生興趣的。這段時間譯出的佛經中，《大般涅槃經》又具有特殊的地位和影響，講習極盛，以至最後形成一個專門的學派。經文中「文字」一節，也成為討論的重要題目之一。第二、魏晉南北朝，是中國古音韻學在理論和方法上發生重大轉折的一個時期，當時極大規模的佛經翻譯活動，無疑是促使發生這一轉折的最重要動因之一。翻譯中涉及到的對當時的中國人完全是新的一些語言學語音學的理論和方法，以及必須解決的一些實際問題，不僅大大地推動了中國學者去認識梵語和「胡語」，也推動了他們從新的角度去認識自己的語言漢語。由此他們討論問題的範圍便擴大開來。發展到後來，在和尚一邊，形成研究梵文的語音和文字以探求佛教中神秘一派理論的所謂悉曇學；在學者一邊，受悉曇學的影響，逐漸形成等韻的理論，最後成為等韻學。這其中，研究和討論「十四音」是重要的一部分。這個時期「十四音說」的影響在佛教以外，最明顯的例子是《隋書》卷三十二《經籍志》中的一段話：

> 自後漢佛法行於中國，又得西域胡書，能以十四字貫一切音，文省而義廣，謂之婆羅門書，與八體六文之義殊別。

至於在佛教的圈子之內，討論「十四音」更為熱烈，出現一批以「十四音」為題，研究「十四音」理論的著作。在這個過程中，靈運的《十四音訓敘》撰寫得最早，它開了這一批類

【一】見 E. Sieg: *Neue Bruchstucke der Sanskrit-Grammatik aus Chinesisch-Turkistan*, Sitzungsberichte der Königlich Preussischen Akademie der Wissenschaft , 1908, pp. 182-206 以及 H. Lüders: Kātantra und Kaumāralāta, *Philologica Indica*, Göttingen: Vandenhoeck und Ruprecht,1940, pp. 659-720。平田文附有一個簡表：「中亞出土梵文文法和韻律學文獻編年」，其中列出了在中國新疆發現的 *Kaumāralāta* 和 *Kātantra* 等書的情況，表中列出的書，年代和發現地點都很清楚，可以參考。不過，這個表在內容上還可以加以補充。

似著作的先河。【二】作為中國古代一位著名的文學家，謝靈運的成就和貢獻，就不僅只限於文學了。

原刊《國學研究》（北京：北京大学出版社，一九九五年），第三卷，有修訂

【一】靈運之後，直接以「十四音」為題的著作，如託名鳩摩羅什的《大般涅槃經如來性品十四音義》、《十四音辨》、《涅槃經十四音七曇章圖卷》、《涅槃經十四音義秘訣》、《涅槃經十四音義》、《涅槃經羅什譯出十四音辨》等。這些書，出現得並不太早，大多在隋唐時代。當時十四音說流傳很廣。例如敦煌寫本 S.1344 號抄有一段文字，一開始就提到「十四之聲」，饒宗頤先生曾經認為是鳩摩羅什所作，稱為《通韻》。我的看法，它不是鳩摩羅什所作，但是是在同一影響下產生的作品。參見拙文〈鳩摩羅什《通韻》考疑暨敦煌寫卷 S.1344 號相關問題〉，載《中國文化》，第七期（北京：生活・讀書・新知三聯書店，一九九二年），頁七一至七五。

譬喻師與佛典中譬喻的運用

關於佛教歷史上所謂的譬喻師，過去已經有過一些討論，但不是很多。在漢文的學術著作中，我見到最重要的，是印順法師的《說一切有部為主的論書與論師之研究》。其中第八章以及第十一章，都與譬喻師有關，題目是《說一切有部的譬喻師》。[一] 其次是呂澂先生的《印度佛學源流略講》書中的第三講第二節，也有一些討論。[二] 相對而言，印順法師的討論比較深入，呂澂先生的討論則比較簡略。

在西文的著作中，與這個議題有聯繫，最早最直接的論文，是 Jean Przyluski 半個多世紀前發表的 *Darṣṭāntika, Sautrāntika and Sarvāstivādin*。[三] 在近代西方——其實也包括東方——的學者中，Przyluski 大概是最早注意同時對這一問題做了比較深入討論的人。

一般認為，譬喻師作為一類僧人，屬說一切有部。如果講到說一切有部，研究的著作就比較多一些。[四] 討論說一切有部，往往也要涉及到譬喻師，譬喻師的問題與說一切有部有關。以上這些討論，大致都是這樣的一種看法。

但是，有關譬喻師，我的感覺，有些方面的問題還是不很清楚。以說一切有部在印度佛教歷史上的影響和地位而言，弄清楚譬喻師與說一切有部究竟是怎樣的一種關係以及如何認識這一個群體及其在佛教發展的歷史上曾經有過的作用和影響，其實不無意義。

因此，關於譬喻師，我以為有下列問題還需要做進一步的討論：

一、究竟什麼人算是譬喻師？

二、所謂的譬喻師從哪兒來？

三、譬喻師：說一切有部之內還是之外？

四、譬喻師與佛典中譬喻的運用。

【一】印順法師，《說一切有部為主的論書與論師之研究》（台北：正聞出版社，一九九二年）。第八章題目是《說一切有部的譬喻師》，頁三五五—四〇七；第十一章題目是《經部譬喻師的流行》，頁五二八—六一〇。

【二】呂澂，《印度佛學源流略講》（上海：上海人民出版社，一九七九年），頁一四六—一四九，頁三〇八—三二一。

【三】*The Indian Historical Quarterly*, No 16 (1940), pp.246-254.

【四】比較新，也比較全面的討論應該是 Ch. Willemen, Bart Dessein & Collett Cox：*Sarvāstivāda Buddhist Scholasticism*, Leiden: E. J. Brill, 1998. 其中也有一個章節，題目是 *Darṣṭāntika, Sautrāntika and (Mūla)sarvāstivādin*，頁一〇六—一一〇。再有，現在香港大學的 Bhikkhu KL Dhammajoti（法光）教授近年出版的研究有關說一切有部阿毗達磨的幾種書也有所涉及，例如 *Abhidharma Doctrine and Controversy on Perception*, Hong Kong: Centre for Buddhist Studies, the University of Hong Kong, 2007, pp.5-14。我願意借此機會對這二位學者寄贈他們的大著給我表示感謝。當然，日本學者也有一些著作涉及到這些問題，但我沒有能直接讀到。

這些問題，看似細枝末節，但認真追究起來，其實與印度佛教，中亞佛教乃至於中國佛教的發展，尤其是文獻的形成都有大小不等的關係，因此不可以不注意。

以下是對這幾個問題的討論。

一、究竟什麼人算是譬喻師？

首先是「譬喻師」這個名字。在漢譯佛典中，這個名稱有翻譯為「譬喻者」或者「譬喻尊者」。但「譬喻師」或「譬喻者」這個名字，我們目前見到的，其實也就只見於漢譯佛典。最早提到這個名字，也提到得最多的是《大毗婆沙論》（*Mahāvibhāṣā*）。[一] 當然，除了《大毗婆沙論》，也還有一些經典提到「譬喻者」。這是我們瞭解譬喻師的基本數據。

什麼是譬喻師呢？有關的解釋，引用得最多的出自窺基。窺基《成唯識論述記》卷第四（本）講：

> 譬喻師是經部異師，即日出論者。是名經部。此有三種：一、根本，即鳩摩羅多。二、室利邏多，造經部《毗婆沙》，《正理》所言上座是。三、但名經部。以根本師造《結鬘論》，廣說譬喻，名譬喻師，從所說為名也。[二]

從這個解釋出發，譬喻師被認為是從經部師分出，是「經部異師」，也是「日出論者」。但實際的情況其實正相反，譬喻師這個名稱的出現顯然比經部師早。與其說譬喻師從經部師分出，毋寧說譬喻師是經部師的前身。雖然這個問題在細節上還需要再做一些分析。

不過，窺基有這樣的說法，也不是沒有原因或者根據。後期的譬喻師與經部師的關係如此密切，所以研究這個問題的學者很多情況下把二者視為一體，稱作 Darṣṭāntika-Sautrāntikas（譬喻經部師）。【三】討論到譬喻師，就不能不討論到經部或經部師。

對於譬喻師，窺基還有更多的解釋：

> 此破日出論者，即經部本師。佛去世後一百年中，北天竺怛叉翅羅國有鳩摩邏多，此言童首。造《九百論》。時五天竺有五大論師。喻如日出，明導世間，名日出

【一】Willemen 統計是八十六次。見前引 Willemen 書 *Sarvāstivāda Buddhist Scholasticism*, p.109。

【二】《大正藏》卷四十三，頁三五八上。這些專有名詞基本上都可以還原。還原後的梵文是，經部：Sautrāntika，根本：Mūla，鳩摩邏多：Kumāralāta，室利邏多：Śrīlata，毗婆沙：Vibhāṣā，《正理（論）》：*Nyāyānusāra*，根本師：Mūlācarya，《結鬘論》：*Darṣṭāntikapaṅkti*。

【三】例如前引 Willemen 書 *Sarvāstivāda Buddhist Scholasticism*, p.107。

者，以似於日，亦名譬喻師。或為此師造《喻鬘論》，集諸奇事，名譬喻師。經部之種族，經部以此所說為宗。當時猶未有經部，經部四百年中方出世故。如《成業論》……【一】

按照這樣的說法，譬喻師就稱作「日出者」或「日出論者」，「五天竺有五大論師」，都是譬喻師。北天竺的是鳩摩羅多。鳩摩羅多來自怛叉始羅國（即怛叉翅羅國）。因為他「造《喻鬘論》，集諸奇事，名譬喻師。」在譬喻師出現時，還沒有經部。經部在佛滅後四百年才出現。

這裡值得注意的有幾個名稱：第一個是「日出論者」，窺基說「日出論者」就是經部師。再有就是「根本」或者說「根本師」，也就是說，經部中有一部分法師與其他的法師不一樣，不一樣的地方就是他們不全部都是「根本」或者說「根本師」。

《喻鬘論》指的是什麼書呢？一般認為，就是二十世紀初在中國新疆地區發現的梵文寫本佛經 *Kalpanāmaṇḍitikā / Dṛṣṭāntapaṅkti*（*Kalpanālaṃkṛtikā* 或 *Dṛṣṭāntapaṅktyām*）。根據寫本上的題記，作者就是鳩摩羅多。【二】雖然作者究竟是鳩摩羅多還是馬鳴，一直有爭論，但從書名看，這是《喻鬘論》應該沒有問題。而且說它就是漢譯佛經中的《大莊嚴論經》，也沒有問題。雖然這其間的傳承關係，包括作者究竟是鳩摩羅多還是馬鳴，目前要做最後的確定——甚至是能不能最後確定——還有困難，也就是說，還需要做更多的研究。

但是什麼又是「日出論者」呢？窺基的解釋是「喻如日出，明導世間，名日出者，以似於日，亦名譬喻師。」

如果我們接受「五天竺有五大論師」的說法，鳩摩羅多是其中之一，其他四位是誰呢？對我們來說，比較清楚的是，鳩摩羅多作為譬喻師，延續下來，成為了經部的早期人物，但五天竺的「五大論師」都是經部本師嗎？這似乎還是有些問題。「五大論師」也被稱為譬喻

【一】《成唯識論述記》卷第二（本），《大正藏》卷四十三，頁二七四上。

【二】H. Lüders, *Bruchstücke der Kalpanāmaṇḍitikā des Kumāralāta*, Leipzig, 1926; M. Winternitz, *History of Indian Literature*, Vol. II, New Delhi: Oriental Books Reprint Corporation, 1972, pp. 267-268; M. Hahn, Kumāralāta's Kalpanāmaṇḍitikā Dṛṣṭāntapaṅkti, Nr. 1. Die Vorzüglichkeit des Buddha, *Zentralasiatische Studie*, 16 (1982), pp. 306-336。中國學者注意到《喻鬘論》的極少，陳寅恪是例外。陳先生在上個世紀二十年代回國後，最早發表的文章中，就專門討論及此：《童受喻鬘論梵文殘本跋》，《金明館叢稿二編》（上海：上海古籍出版社，一九八〇年），頁二〇七—二一一。H. Lüders 就是陳先生在德國學習時的老師，陳先生能夠關注到這個問題，顯然是受到了 Lüders 的影響。

師，分佈的地域很廣，據說包括五天竺。但譬喻師以後的經部只存在於印度的西北部，或者說犍陀羅地區。

窺基的解釋顯然來自玄奘。玄奘的《大唐西域記》卷十二「朅盤陀國」（Tashqurgan）條的一段記載似乎與此有關，但是是「四日」，不是「五大論師」：

> 其王於後遷居宮東北隅，以其故宮，為尊者童受論師建僧伽藍。台閣高廣，佛像威嚴。尊者呾叉始羅國人也，幼而穎悟，早離俗塵，遊心典籍，棲神玄旨，日誦三萬二千言，兼書三萬二千字。故能學冠時彥，名高當世，立正法，摧邪見，高論清舉，無難不酬，五印度國咸見推高。其所制論，凡數十部，並盛宣行，莫不翫習，即經部本師也。當此之時，東有馬鳴，南有提婆，西有龍猛，北有童受，號為四日照世。故此國王聞尊者盛德，興兵動眾，伐呾叉始羅國，脅而得之，建此伽藍，式昭瞻仰。【一】

童受就是鳩摩羅多，但「四日照世」的「四日」就是「日出論者」嗎？鳩摩羅多是「日出論者」，馬鳴、提婆、龍猛也都是嗎？如果進一步說馬鳴、提婆、龍猛都是「經部本師」，是不是就太牽強了？「四日」也是東西南北，一個地方一位。而且，說「當此之時」，把這四位佛教大師都放在一個時間段上，似乎也有些問題。

從語義上進行分析，Dārṣṭāntika 的意思其實很簡單，英語的解釋是 one who uses an example or simile as proof。與此相關的梵文詞 dārṣṭānta，意思是 explained by an example or simile。[二] 這個詞又來自 dṛṣṭa 和詞根 dṛś。dṛṣṭa 是眼睛能看到的東西。但是什麼是這種眼睛能看到的東西呢？這就是所謂的「譬喻」嗎？其實進一步延伸，依我的理解，應該就是指與抽象的教義宣傳相區別的因緣故事，講述這些因緣故事，最後的效果差不多就是一種 dārṣṭānta 或者 dṛṣṭa，也就是成為一種 visional presentation。

什麼人是譬喻師，牽涉到什麼是譬喻？如果完全從漢語追溯，很難弄清楚。漢文翻譯中的「譬喻」，來源不止一處，不同情況下可以還原為不同的詞語，但在這裡，似乎就是 dārṣṭānta。或者就更廣泛的意義而言，經典中只要是在闡述教義時加入故事作為說明，就都是譬喻。譬喻師這個名稱，我以為最初大概就是在這個意義上產生的。

【一】《大正藏》卷五十一，頁九四一下。

【二】Monier Monier-Williams, *A Sanskrit-English Dictionary*, Oxford University Press, 1899, p. 401c.

依照早期的說法，佛教經典可以分為九類或十二類，這就所謂「九分教」（navāṅga）和「十二分教」（dvādaśāṅga）的說法。「九分教」和「十二分教」中的「優陀那」（udāna）、「本事」（itivṛttaka，itivuttaka）、「因緣」（nidāna）都可以算作譬喻的各種類型。「譬喻」（avadāna，apadāna，「阿婆陀那」、「阿波陀那」）當然就更是了。只有「本生」（jātaka）由於表述的形式比較特別，似乎還不算在內。

在佛教歷史上，佛教的僧人或者學者，有各種稱呼。這些稱呼，出現在不同的時期，對應於不同的條件，有不同的含義。例如巴利語文獻裡講到的「經師」（suttantika）、「持律師」（vinayadhara）、「說法師」（dhamma-kathika）以及「持法師」（dhammadhara）。[一]

這些名稱，也就是北傳系統的文獻中講的「佛在世時，無有三藏名，但有持修多羅比丘、持毗尼比丘、持摩多羅迦比丘。」[二]

同樣的，在印度早期的碑銘（Bharhut）中也可以見到這樣一些名稱：「持藏者」（peṭakin）、「經師」（suttantika）、「諷誦者」（bhāṇaka）、「長部諷誦者」（Dīgha-bhāṇaka）、「中部諷誦者」（Majjhima-bhāṇaka））、「誦法師」（Dhamma-bhāṇaka）。[三]而在其他早期的佛典中，還能見到「阿毗達磨者」（abhidharmika）和「阿笈摩師」（Āgamaka）這樣的名稱。

因此，我的一個有待進一步討論的看法是：所謂的譬喻師，是不是也是在這個過程中出現的一種稱謂呢？從公元前十二世紀到公元後十二世紀之間，佛教中有一種普遍的趨勢，一些佛教學者，為了使佛教被更多的民眾接受，在傳教的方法和形式上，越來越多地運用所謂的譬喻來製作經典。這些人後來逐漸地就得到一個稱呼，那就是譬喻師。這一點，也就是印順法師說的，「譬喻師的特色是：內修禪觀，外勤教化，頌讚佛德，廣說譬喻。」只是印順法師認為，譬喻師一開始就是從說一切有部中生出，而我對這一看法稍微有些保留。【四】

這些譬喻師，絕大部分與說一切有部聯繫最緊密。鳩摩羅多是其中的一位代表人物。「日出論者」也是，「五大論師」也是。在一些場合下，他們甚至被稱作「譬喻部師」。【五】不過，「譬喻部師」這個名字，不一定就意味著佛教中有一個部派被稱作「譬喻部」。所

【一】日本學者平川彰就注意到了這一點。見平川彰著、莊昆木譯《印度佛教史》（台北：商周出版公司，二〇〇二年），頁七八。

【二】《大智度論》卷一百，《大正藏》卷二十，頁七五六。

【三】前引平川彰《印度佛教史》，頁一九二。

【四】前引印順《說一切有部為主的論書與論師之研究》，頁五三三。

【五】我通過 CBETA，檢索到四十處。

謂「譬喻部師」，在這裡僅僅只是翻譯的一種表達形式。【一】

至於鳩摩羅多是不是屬說一切有部或者是經量部，或者經量部只是說一切有部下面的一個派別，我以為，屬另外的一回事。

總之，在我看來，譬喻師和經部師，在大部分情況下可以算作一回事，但不總是一回事。譬喻師與經部師，應該有前後的區分。【二】

在這一點上，我同意印順法師的看法。

二、所謂譬喻師從哪兒來？

窺基有關譬喻師的解釋從玄奘處得來。玄奘當然是很博學的佛教學者，對印度的情況也非常瞭解。但我們需要注意的是，玄奘到印度去，是在公元七世紀，這個時間，與譬喻師活躍的時代相比，已經比較靠後。玄奘訪問印度時的信息來源，會受到時代的影響，不同的時代，信息往往有所不同。

在編撰佛典的過程中，使用譬喻或者大量地使用譬喻，當然不是從馬鳴或者鳩摩羅多才開始的，此前應該就有一個傳統。在鳩摩羅多活動的相鄰地區，西北印度或者說犍陀羅地區，廣泛地運用譬喻來闡述佛教教義的，突出的一個例子可以舉出那先（Nāgasena）。在《那先比丘經》裡，那先也充分地運用了譬喻，那先可以說是譬喻師的先驅。【三】那先在歷史上顯然實有其人，只是我們對他的情況知道得並不多。

相似的情況還有法救（Dharmatrāta）。法救是北傳系統的《法句經》的編撰者，他也運用譬喻編撰出《法句譬喻經》一類的經典。【四】當然，「四日」中的馬鳴，也可以說是一位這樣的人物。

前面提到「日出論者」，從各方面情況看，這些「日出論者」，可以是經部本師，但不等

【一】印度佛教歷史上在不同的發展時期，出現過的不同的派別。這些派別，在漢譯中都被稱作「部」或「部派」。其實部派的問題很複雜，「部」或「部派」一詞，在不同的背景下，往往有完全不同的含義。漢譯中的「部」或「部派」，必須要還原在印度佛教歷史的背景下去做不同的理解。參考拙著《南海寄歸內法傳校注》前言及第二章（北京：中華書局，一九九五年），尤其是其中頁六四—六六所討論的問題。

【二】Dhammajoti 也有這樣的看法，見其 *Abhidharma Doctrine and Controversy on Perception*, Hong Kong: Centre for Buddhist Studies, the University of Hong Kong, 2007, pp.6-14。

【三】呂澂先生就是這麼講。見其《印度佛學源流略講》，頁五二。

【四】呂澂先生認為：「譬喻師開始是重點地採用《法句經》一經作樞紐來組織學說的。」《印度佛學源流略講》，頁三〇九。

於所有的「日出論者」都是經部師。「四日」中的其他三位更不能說都是經部師。

因此，與前面已經討論到的問題一樣，在我看來，佛教譬喻師的傳統，其實是佛教僧人們在宣講和編撰佛經的過程中，為了適應向大眾宣傳佛教的需要，在佛經中大量運用譬喻而逐步形成的。

三、譬喻師在說一切有部之內還是之外？

大多數譬喻師與說一切有部有密切的關係，這是事實。《大毗婆沙論》中講到的譬喻師，基本上就是後來的經部，也就是說一切有部的一部分（西部師），與同屬說一切有部的毗婆沙師（東部師）相區別。但我以為，早期的譬喻師，不一定就完全屬說一切有部，或者說可以完全與說一切有部畫等號。上面說了，譬喻師的出現，有一個過程，說一切有部的形成，也有一個過程。二者在不同的層面上出現和發展，而且不一定同步。

《異部宗輪論》沒有提到譬喻師，我以為，這大概是原因之一，即使在漢譯的佛經裡出現過「譬喻部師」這個名稱。

所謂的譬喻，在幾乎所有部派的經典中都能見到。不只是說一切有部的經典中，在其他部派的佛典的編撰過程中，也都運用所謂的譬喻，可是為什麼其他部派沒有特別強調「譬喻師」這個身份呢？

這其中的原因，我的推測，應該是在西北印度，說一切有部的勢力和影響最大，說一切有部的經典，應用譬喻最多，說一切有部中的這一類法師，強調譬喻，也強調譬喻師的身份，於是後來講到的譬喻師，都在說一切有部的範圍之內，譬喻師便與說一切有部，尤其是其中的經部成了同義語。

這或許就是譬喻師與說一切有部有最密切關係的最主要的原因。

四、譬喻師與佛典中譬喻的運用

佛典中廣泛地應用譬喻，不能說全部與這裡講到的譬喻師有關，但譬喻師顯然發揮過很大的作用。在這一個時期出現的佛教經典中，有一些突出的例子。我把這些例子大致歸納為幾類：

第一類：《法句經》。漢譯的《法句經》與巴利文的《法句經》（*Dhammapada*），犍陀羅語的《法句經》（*Gāndhārī Dharmapada*），一半俗語，一半梵語的《法句經》（*Patna Dharmapada*）以及梵語的 *Udānavarga* 名稱和結構完全相當，內容上也很接近，只是屬不同的傳承系統。三國時代維祇難（Vighna）等翻譯的《法句經》，作者是法救，法救就被認為是一位譬喻師。三國本的《法句經》，基本上沒有譬喻，但西晉時代法炬與法立翻譯的《法句譬喻經》則完全是以譬喻或者說故事逐一地解釋《法句經》。《法句譬喻經》的作者也是法救嗎？這當然很可能。至於也被認為是法救所撰的 *Udānavarga* 和漢譯的《出曜經》，顯然也是同一類的經典。[一]它們最初大概都是或者都被標注為法救的作品，但顯然後來在傳承上發生了變化。

從《法句經》、《法句譬喻經》和《出曜經》，甚至包括《法集要頌經》，可以看出譬喻師處理這一類經典的方式。這某種程度上有點類似於中國古代為「經」作「傳」的做法，例如《春秋》的「傳」，我們知道的，就有三種：《左傳》、《公羊》和《穀梁》。當然，印度佛教的大師與中國古代的學者，在這件事上的目的、取向、剪裁的內容很不一樣。

這樣多方面地運用譬喻故事，來做教義宣傳的方式，其實也不限於《法句經》，其他的經典也有。例如有名的《修行地道經》（*Yogācārabhūmi*），編撰者是僧伽羅剎（Samgharakṣa）。[二]僧伽羅剎也是有名的譬喻師。《修行地道經》中的「擊鉢」譬喻最為胡適所稱讚。僧伽羅剎還編撰有《僧伽羅剎所集經》。譬喻師處理經典的方式和方法，從《修行地道經》和《僧伽羅剎所集經》也可以看得很清楚。

第二類：《大莊嚴論經》等一批類似的經典。《大莊嚴論經》是典型的譬喻師的作品。這類經典的特點是故事性特別強，整部經往往就是故事的集成。《大莊嚴論經》包括八十九個獨立的故事，每個故事的開始或結尾處都有相應的說明，表達出故事的意義。

這一類經典很多，篇幅大小不等。篇幅大如《雜寶藏經》、《撰集百緣經》、《菩薩本緣經》，中等篇幅的如《雜譬喻經》、《百喻經》【三】，最小篇幅的如《群牛譬經》、《大魚事經》、《譬喻經》，一部經不過幾百字。這些經典，在形式上幾乎都是一樣，很難說它們不是譬喻師或者譬喻師影響下產生的作品。

在梵文經典方面，可以提到的是 *Avadānaśataka* 和 *Divyāvadāna*。它們形成的年代相對較早，核心部分形成的時間大致與這個時期相當。

在這一類經典的影響下，應該提到佛教的講經和表演。《賢愚經》就是在這種情況下編撰

【一】《出曜經序》：「出曜經者，婆須密舅法救菩薩之所撰也。集比一千章，立為三十三品，名曰《法句錄》。其本起繫而為釋，名曰《出曜》。出曜之言，舊名譬喻，即十二部經第六部也。」《大正藏》第四卷，頁六〇九。

【二】P. Demiéville: La Yogācārabhūmi de Saṃgharakṣa, in *BEFEO*, Tome 44, Fasc. 2 (1954).

【三】《百句譬喻經記》，出經前記：「永明十年九月十日，中天竺法師求那毗地出修多羅藏十二部經中抄出譬，聚為一部，凡一百事。天竺僧伽斯法師集行大乘，為新學者撰說此經。」《出三藏記集》卷九，《大正藏》卷五十五，頁六八下。

而成的。僧祐《賢愚經記》講：

十二部典，蓋區別法門。曠劫因緣，既事照於本生；智者得解，亦理資於譬喻。《賢愚經》者，可謂兼此二義矣。河西沙門釋曇學、威德等，凡有八僧。結志遊方，遠尋經典。於于闐大寺遇般遮於瑟之會。般遮於瑟者，漢言五年一切大眾集也。三藏諸學，各弘法寶。說經講律，依業而教。學等八僧，隨緣分聽。於是競習胡音，析以漢義，精思通譯，各書所聞。還至高昌，乃集為一部。既而踰越流沙，齎到涼州。於時沙門釋慧朗，河西宗匠。道業淵博，總持方等。以為此經所記，源在譬喻，譬喻所明，兼載善惡。善惡相翻，則賢愚之分也。前代傳經，已多譬喻，故因事改名，號曰《賢愚》焉。【一】

這不僅說明了《賢愚經》的來源，而且把它與佛經中的譬喻聯繫了起來。所謂譬喻，就是講故事。講故事的對象，則是一般的大眾。這種講經的方式，對中國漢族地區講經和講唱，乃至表演傳統的形成有極大的關係。【二】至於譬喻或者說故事的內容，漢地的佛教僧人與世俗文人則往往根據需要而加以改造，由此更演變出更多的故事。

對於《賢愚經》以及這類譬喻故事，還在上個世紀的三十年代初，陳寅恪先生就注意到了。陳先生在引用上面僧祐一段記載後，就講：「《賢愚經》者，本當時曇學等八僧講聽之筆記也。近檢其內容，乃一雜集印度故事之書。以此推之，可知當日中央亞細亞說經，例引故事以闡經義。此風蓋導源於天竺，後漸及於東方。故今大藏中《法句譬喻經》等之體制，實印度人解釋佛典之正宗。此土釋經著述，如天台諸祖之書，則已支那化，固與印度釋經之著作有異也。夫說經多引故事，而故事一經演講，不得不隨其說者聽者本身之程度及環境，而生變異，故有原為一故事，而歧為二者，亦有原為二故事，而混為一者。又在同一事之中，亦可以甲人代乙人，或在同一人之身，亦可易丙事為丁事。若能溯其本源，析其成分，則可以窺見時代之風氣，批評作者之技能，於治小說文學史者儻亦一助歟？」【三】陳先生所講，同

【一】《出三藏記集》卷九，《大正藏》卷五十五，頁六七下。

【二】美國 Victor Mair（梅維恒）做過相關的討論，見其 *Painting and Performance: Chinese Picture Recitation and Its Indian Genesis*, Honolulu: University of Hawaii Press, 1988，尤其是其中第一、第二章。中譯本《繪畫與表演》，王邦維等翻譯（上海：中西書局，二〇〇一年）。

【三】陳寅恪《西遊記玄奘弟子故事之演變》，《金明館叢稿二編》（上海：上海古籍出版社，一九八〇年），頁一九二。

時考慮到此類經典來源與流變兩方面的問題，實在是很有見地。

第三類：阿育王以及相關故事。阿育王故事在中國有特殊的意義，因此這裡把它單獨歸為一類。相關的梵文經典有 *Aśokāvadāna*，漢譯經典則有《阿育王經》、《阿育王傳》以及《天尊說阿育王經》等。

第四類：這包括《普曜經》（*Lalitavistara*）、《佛本行經》、《佛本行集經》以及馬鳴的《佛所行讚》（*Buddhacarita*）等。

第五類：佛教的律。

佛教的戒律中，也有很多可以稱作譬喻的故事。在各個部派的律中，我們都能找到很多譬喻故事，但最多的是根本說一切有部的律。

在印度佛教的歷史上，說一切有部與根本說一切有部，是兩個派別，還是一個派別？為什麼名字相近而又不完全相同？二者之間究竟是什麼樣一種關係？學者中長期以來就有許多爭議。上面講了，譬喻師與說一切有部有特殊的關係，大部分譬喻師出自或者說屬說一切有部，但他們與根本說一切有部是怎麼一個關係呢？其實在我看來，說一切有部與根本說一切有部關係並不複雜。二者最大的差別就是各自使用的是不同的律。而且，在某種意義上講，根本說一切有部的律正是譬喻師參與編撰的結果。《大智度論》卷一〇〇，最末處講：

> 「毗尼」名比丘作罪，佛結戒：應行是、不應行是，作是事得是罪；略說有八十部。亦有二分：一者、摩偷羅國毗尼，含阿波陀那、本生，有八十部；二者、罽賓國毗尼，除卻本生、阿波陀那，但取要用作十部。有八十部《毗婆沙》解釋。【一】

這就是說，摩偷羅一系的律，包括有大量的譬喻和本生故事，八十部，篇幅極大。這不就是現在見到的根本說一切有部的律嗎？這顯然與譬喻師有關。罽賓一系的律有十部，這不就是《十誦律》嗎？只是我們不清楚這裡說的「有八十部《毗婆沙》解釋」，指的是什麼《毗婆沙》。【二】

最後，總結起來講，如果把這些問題與整個佛教文獻發展和傳承的歷史聯繫起來，我們可以發現一個現象，那就是，所謂的譬喻師和佛教的譬喻，在佛教傳播的過程中，曾經起過多麼重要的作用。佛教文獻中最具有文學色彩的經典，佛教宣說故事的傳統，很多與他們有

【一】《大正藏》卷二十五，頁七五六下。

【二】解釋「毗尼」即律的《毗婆沙》確實存在，例如漢譯佛典中的《善見律毗婆沙》。但這裡講到的「八十部《毗婆沙》」即使有過，也早已失傳了。

關。不僅如此，這個時候相當於中國後漢到南北朝時期，正是中國方面大規模接受佛教的階段。由這些譬喻師編撰或在他們影響下出現的佛教經典，在此期間大量地傳到漢地並被翻譯出來，對中國佛教乃至於一般世俗文學的發展產生了很大的影響。研究中國佛教史和中古時期文學史的學者們在這方面已經找出了不少事例，但這些事例最早從哪裡來，怎麼進入中國人的視野，最後怎麼演變為中國本土的文學故事並成為中國文化的一部分，這中間顯然還有好些問題值得我們做進一步深入的研究。對學者們來說，即便重點只是研究中國中古時期的歷史、文學和文化，先弄清楚這些問題，其實也很有意義。

原刊《文史》（北京：中華書局，二〇一二年第三輯）

禪宗所傳祖師世系與印度的付法藏傳統

禪宗所傳的祖師世系，以菩提達摩為界，可以分為兩個部分，即達摩之前的印度祖師傳承的世系為一部分，達摩之後的中國祖師傳承的世系為另一部分。就禪宗史的研究而言，對後者作考察，自然很重要，但是對於前者的考察，也不是沒有意義。因為中國歷史上幾乎所有的佛教宗派，從理論上講，都可以——不管是符合實際，或是牽強附會——追溯，而且確實被追溯到印度的某一個源頭。這些，雖然未必全是事實，但如果我們要完整地瞭解它們的歷史，其中源和流的關係，也不能不搞清楚。這一問題，學者們已有所注意，並作過一些考察。本文的目的，則是在前人研究的基礎上，就禪宗所傳世系中的印度祖師部分以及相關的一些問題作進一步考證和探討。

一

依照敦煌本《壇經》，如果不算過去七佛，釋迦牟尼佛以下，印度祖師一共有二十八位：

大迦葉

阿難

末田地

商那和修
優婆毱多
提多迦
佛陀難提
佛陀蜜多
脅比丘
富那奢
馬鳴
毗羅長者
龍樹
迦那提婆
羅睺羅
僧伽那提
僧迦耶舍
鳩摩羅馱

闍耶多
婆修盤多
摩拏羅
鶴勒那
師子比丘
舍那婆斯
優婆崛
僧伽羅
須婆蜜多
菩提達摩【二】

其他禪宗文獻中所講到的傳法世系，大多比《壇經》晚出，而且基本的框架沒有大的不同，因此不在此作細的列舉。

二

過去的研究者中，早已有人指出，上面所列的禪宗傳法法統中的印度祖師部分，實際上來自《達摩多羅禪經》和《付法藏因緣傳》。

《達摩多羅禪經》中的傳法世系前一部分比較簡單，如果不算如來，有：

大迦葉
阿難
末田地
舍那婆斯
優波崛
婆須蜜

【一】我這裡使用的是楊曾文先生校寫的《敦煌新本壇經》（上海：上海古籍出版社，一九九三年），頁六六。

僧伽羅叉

達摩多羅

「乃至尊者不若蜜多羅，諸持法者以此慧燈次第傳授。」[二]《達摩多羅禪經》的譯者，是東晉來華的印度僧人佛陀跋陀羅。東晉慧遠為《達摩多羅禪經》作的序中又補充說明，在不若蜜多羅之後，則有佛大先。慧遠講：「今之所譯，出自達摩多羅與佛大先。」在佛教史上，達摩多羅與佛大先以及佛陀跋陀羅都是說一切有部的僧人。因此，從內容上講，《達摩多羅禪經》基本可以判斷屬印度佛教說一切有部系統的經典。與《壇經》中的傳法世系比較起來，它是後者來源的一部分，但不是全部。實際上，如來之後，最早的五位祖師，是北傳佛教講到部派分裂之前的傳法世系的一個比較普遍的說法。類似的說法，北傳的其他的文獻中常可以見到。

《付法藏因緣傳》則有二十四位祖師：

摩訶迦葉

阿難

摩田提
商那和修
優波毱多
提多迦
彌遮伽
佛陀難提
佛陀蜜多
脅比丘
富那奢
馬鳴
比羅
龍樹

【一】卷一，《大正藏》卷十五，頁三〇一下。這裡的「持法者」一名，還原成梵，是dharmadhara。

迦那提婆
羅睺羅
僧伽難提
僧迦耶舍
鳩摩羅馱
闍夜多
婆修盤陀
摩拏羅
鶴勒那
師子【一】

天台宗的大師，隋代的智顗，在他的《摩訶止觀》一開始，就一成不變地借用了這個傳法世系，以此作為天台宗「金口所記」的法統的基礎。【二】禪宗的出現，晚於天台宗，禪宗的法統說，出現更晚。所以，早有學者指出，《壇經》或其他禪宗文獻中的傳法世系中的印度部分，在方法上比照天台宗，也是根據《付法藏因緣傳》的傳法世系，同時再略加增減而成。

這一變化過程其實並不複雜。如果把《壇經》中所講的印度祖師的序列，與《達摩多羅禪經》和《付法藏因緣傳》中的祖師序列作一仔細的對照，就會發現，《壇經》中的二十八祖，是先把《付法藏因緣傳》的二十四位祖師的名字全部照抄下來，但在提多迦後去掉了彌遮迦（不知為什麼會單單去掉這一位？）還剩二十三位，再把《達摩多羅禪經》中最初八位祖師中的後五位，即舍那婆斯、優波崛、婆須蜜、僧伽羅叉、達摩多羅的名字略作改變（「婆須蜜」改為「須婆蜜多」，「僧伽羅叉」改為「僧伽羅」，「達摩多羅」改為「菩提達摩」），接在其後，於是就成了一個新的祖師世系，總起來一共二十八位。這個新形成的傳法世系，在祖師的排列上，雖然看起來很整齊，但其中卻有一個很大的問題，就是，舍那婆斯其實就是商那和修，而優婆崛其實就是優波毱多，這兩位很重要的祖師實際上在不同位置上用不同的漢譯名重複出現了兩次。但這一點，《壇經》的最初的作者似乎並不清楚。這正說明這個祖師世系還比較粗糙，它還處在形成過程中較為早期的階段。

後來稍晚一些的智矩撰寫《寶林傳》，就發現了這一問題，於是作了修正。智矩先把舍

【一】《大正藏》卷五十，頁二九七上—頁三二二上。

【二】卷一，《大正藏》卷四十六，頁一上至中。

那婆斯改為婆舍斯多，然後去掉末田地、優婆崛和僧伽羅，仍然依照《付法藏因緣傳》，把彌遮迦恢復到原有的位置上。智矩又依照《達摩多羅禪經》，認為婆須蜜的年代較早，於是把婆須蜜補在彌遮迦後面，然後補進《達摩多羅禪經》中的不若蜜多羅（不如蜜多），後面再補進一位般若多羅，最後是菩提達摩。這樣，問題似乎就解決了，而祖師們的總數仍然保持為二十八位。智矩以後，如五代時編成的《祖堂集》、宋道元的《景德傳燈錄》等，都繼承了這一改動過的傳法世系。至於《歷代法寶記》，因為撰成的時間看來比《寶林傳》更早一些，其中講到的傳法世系，大多與敦煌本《壇經》相同，而且明白說明來自《付法藏因緣傳》。不過，《歷代法寶記》在最後把菩提達摩和達摩多羅雜糅在一起，成為菩提達摩多羅，其用意似乎是想把二者調和起來，但菩提達摩多羅這個名字在今天看來，顯得真有點匪夷所思。【二】不過，不管怎樣改動，跟天台宗的情形一樣，《付法藏因緣傳》中的祖師世系，也成為了禪宗法統說中印度部分的最主要的來源。

《付法藏因緣傳》一書，是印度典籍的直接的翻譯還是「譯者」依據各種典籍所編纂而成，過去有爭論。我的意見，恐怕其中有一部分是翻譯，也有一部分是編纂。但書中記載的傳法世系，不大可能完全是編譯者隨意的杜撰。它們應該有所來源。有關的一些問題，後面還將談到。

三

比《付法藏因緣傳》更早，在漢譯的佛教文獻中，講到傳法世系的，有西晉安法欽譯《阿育王傳》，次序是：

摩訶迦葉

阿難

商那和修

優波毱多

提地迦【三】

【一】《大正藏》第十五卷，頁一八〇上至中。關於禪宗傳法世系中印度祖師部分與《付法藏因緣傳》的關係，已有不少學者作過討論，意見大致相似。

【二】《阿育王傳》卷六，《大正藏》卷五十，頁一一二六中不過，被稱為同本異譯的梁僧伽婆羅譯《阿育王經》卷七《佛弟子五人傳授法藏因緣品》中的說法略有不同，在中間加進了末田地。次序是：

摩訶迦葉
阿難
末田地
舍那婆私
優波笈多
郗征柯【一】

舍那婆私即商那和修。這與上面提到的《達摩多羅禪經》大同小異。兩部書，講傳法世系，都是到阿育王為止。

《阿育王傳》和《阿育王經》，實際上屬「譬喻」或者「因緣」類的文獻。同類的文獻，有 *Divyāvadāna*，其中也有類似的說法。【二】《阿育王傳》和《阿育王經》，以及 *Divyāvadāna*，一般都被認為是說一切有部的文獻。

不過，東晉失譯《舍利弗問經》，從部派歸屬上講屬大眾部，其中記載的最初五師也一樣：

大迦葉
阿難
末田地
舍那婆私
優波笈多【三】

北魏慧覺等編譯《賢愚經》，譯出時代與《付法藏因緣傳》相近，卷十三有《優波毱多品》，提到阿難傳耶貰輢，耶貰輢傳優波毱多。【四】劉宋時譯出的《雜阿含經》卷二十五則提到

【一】《大正藏》卷五十，頁一六二中。
【二】Divyāvadāna, ed. by Cowel and Neil, Cambridge, 1886, pp. 348, 1. 27-364, 1.10.
【三】《大正藏》卷二十四，頁九〇〇。
【四】《大正藏》卷四，頁四二二中—頁四三三下

佛預言優波崛多「當作佛事」。【一】失譯附後漢錄的《分別功德論》卷二提到阿難的弟子，有摩禪提和摩呻提。【二】

譯出時間較晚，唐義淨所譯《根本說一切有部雜事》卷四十也記載了一種傳承：

大迦葉
大迦攝波
阿難陀
奢搦迦
日中
鄔波笈多
地底迦
黑色
善見【三】

這是根本說一切有部的說法。根本說一切有部與說一切有部派不一樣，說法有所區別，但區別卻又不大，這不奇怪。

《根本說一切有部藥事》卷九沒講這麼詳細，但也是講到佛預言阿難之後有末田地，末田地度近密，近密「作佛事」，最後傳法。近密即優波毱多。【四】此外，東晉法顯與佛陀跋陀羅合譯的《摩訶僧祇律》卷三十二，也有一個二十七人的「聞法」系統。不過，可信度更小，此處不再列舉。【五】但在《摩訶僧祇律》經後所附的中國僧人撰寫的《私記》中，仍然是講從大迦葉到優波堀多五師。【六】

【一】《大正藏》卷二，頁三七中。

【二】《大正藏》卷二十五，頁三七中。

【三】《大正藏》卷二十四，頁四一一中至下。

【四】《大正藏》卷二十四，頁四一下；Gilgit Manuscripts, Vol. III, part 1, ed. by N. Dutt, Srinagar – Kashmir, 1942(?), Mūlasarvāstivādavinayavastu, Bhaiṣjyavastu, pp. xvii, 3-7.

【五】《大正藏》卷二十二，頁四九二—頁四九三。

【六】《大正藏》卷二十二，頁五四八中。

四

文獻中，還有一種傳法世系，這就是梁僧祐《出三藏記集》卷十二載僧祐自撰的《薩婆多部師資記》中所列出的祖師序列。僧祐在序中說了，這是說一切有部的傳承系統。僧祐記載的，有兩種說法，一種是僧祐自己的記載，應該是得自印度或者西域其他來華僧人的口碑，印度方面的祖師，有五十三人：

大迦葉
阿難
末田地
舍那婆斯
優波崛
慈世子
迦旃延
婆須蜜

吉栗瑟那
脅羅漢
馬鳴
鳩摩羅馱
韋羅
瞿沙
富樓那
後馬鳴
達摩多羅
蜜遮伽
難提婆秀
瞿沙
般遮尸棄
羅睺羅
彌帝力尸利

達磨達
師子
因陀羅摩那
瞿羅忌梨婆
婆秀羅
僧伽羅叉
優波膻馱
婆難提
那伽難
達磨尸梨帝（法勝）
龍樹
提婆
婆羅提婆
破樓提婆
婆修跋摩

毗栗慧多羅
毗樓
毗闍延多羅
摩帝麗
訶梨跋暮
婆秀盤頭（青目？）
達磨達帝
栴陀羅
勒那多羅
盤頭達多
弗若蜜多羅
婆羅多羅
不若多羅
佛馱先
達磨多羅

另一種是佛大跋陀羅所傳。佛大跋陀羅即佛陀跋陀羅。前面講了，《達摩多羅禪經》就是他翻譯的。佛大跋陀羅所傳的內容，與僧祐自己的記載大同小異，但有五十四人：

阿難
末田地
舍那婆斯
優波堀
迦旃延
婆須蜜
吉栗瑟那
勒比丘
馬鳴
瞿沙
富樓那
達摩多羅

寐遮迦
難提婆秀
巨沙
般遮尸棄
達磨浮帝
羅睺羅
沙帝貝尸利
達磨巨沙
師子
達磨多羅
因陀羅摩那
瞿羅忌利
鳩摩羅大
眾護
憂波膻大

婆婆難提
那迦難提
法勝
婆難提
破樓求提
婆修跋慕
比栗瑟嵬彌多羅
比樓
比闍延多羅
摩帝戾披羅
呵梨跋慕
披（波？）秀盤頭
達磨呵帝
旃陀羅
勒那多羅

盤頭達羅
不弗多羅
佛大尸致利
佛馱悉達
又師以鬘為證不出名
婆羅多羅
佛大先
曇摩多羅
達磨悉大
羅睺羅
耶舍
僧伽佛澄（僧伽跋澄？）

然後，又有六位來自印度或中亞的僧人，也被認為是說一切有部的「師資」，他們是：

卑摩羅叉
鳩摩羅什
曇摩流支
弗若多羅
求那跋摩
佛大跋陀羅（佛陀跋陀羅）

然後是二十位中國僧人。【一】把《達摩多羅禪經》和《付法藏因緣傳》中的祖師的名單與這個《薩婆多部師資記》的名單作對照，前兩種書中記載的祖師中，至少有十九位甚至更多跟僧祐所記相同。這些祖師是：

大迦葉（摩訶迦葉）
阿難
末田地（摩田提）
舍那婆斯（商那和修）

優波堀（優波崛、優波毱多）

婆須蜜

脅、勒（比丘）

馬鳴

鳩摩羅馱

彌遮伽

羅睺羅

師子

僧伽羅叉（眾護）

龍樹

【一】《大正藏》卷五十五，頁八八下—頁九十。有關僧祐這一記載以及相關的一些問題，請參見拙文 Buddhist Nikāyas through Ancient Chinese Eyes 及其附錄二。拙文載 *Untersuchungen zur buddhistischen Literatur*, hrsg. von H. Bechert, Vanderhoeck & Ruprecht in Göttingen, 1994, pp. 165-203。應該說明，僧祐與佛陀跋陀羅所列的所謂「師資」們，並不一定都是前後繼承的師徒關係。

提婆（迦那提婆）
婆秀盤頭（披秀盤頭、婆修盤陀）
弗若蜜多羅（不若蜜多羅）
佛馱先（佛大先）
達磨多羅

如果再把後來敦煌本《壇經》中以及後來所傳的二十八位或二十九位印度祖師的名字與此相對照，可以看到，《薩婆多部師資記》中所記的祖師，用稍微不同的譯名出現在禪宗的傳承中，而且數量還更多一些：

大迦葉
阿難
末田地
商那和修（舍那婆斯）
優婆毱多（優波堀）

彌遮迦（蜜遮伽）
婆須蜜（須婆蜜多）
脅比丘
馬鳴
毗羅（韋羅？）
龍樹
迦那提婆（提婆）
羅睺羅
鳩摩羅馱（鳩摩羅大、鳩摩羅多）
婆修盤多（婆修盤頭、婆秀盤頭）
師子
舍那婆斯
優婆堀（憂婆堀）
僧伽羅（僧伽羅叉、眾護）
須婆蜜多（婆須蜜）

菩提達摩或菩提達摩多羅（達摩多羅）

《付法藏因緣傳》所講，只與印度佛教早期的歷史有關。因此，如果要講佛教部派方面的淵源，從各方面來判斷，不管它是「譯」還是「撰」，說它與說一切有部有最多的關係，這一結論，看來大致不會錯。禪宗——也包括天台宗——傳承中的印度祖師部分，既然絕大部分是從《付法藏因緣傳》中得來，因此也就把說一切有部所傳的一大批祖師拉了進來。

五

以上完全是北傳文獻中的情況。在巴利佛典中，則有兩種傳承世系，一種是律的傳承，一種是阿毗達磨藏的傳承，但都只到印度阿育王時代為止。下面略作抄引，以資比較。

第一種稱作 Vinayapāmokkha（律主），記載在巴利佛典的律藏的 *Parivāra*（《附隨》）中，排列的祖師是：

Upāli

Dāsaka

Sonaka

Siggva

Moggaliputtatissa

Mahinda（Mahendra）【一】

漢譯的《善見律毗婆沙》從流傳的系統講，屬南傳。其中卷一一段與上面律的傳承有關，排列的譯名如下：

優波離

大象拘

蘇那拘

悉伽符

【一】*Vinaya Piṭaka*, ed. by H.Oldenberg, Vol. V, PTS, 1883, pp. 2-3; 又見 *Dīpavaṃsa*, ed. by H. Oldenberg, PTS, 1879, IV, 27-46, V, 89-96; *Mahāvaṃsa*, ed. by W. Geiger, PTS, 1908, V, 95-153。

目揵連子帝須

摩哂陀【二】

第二種稱作 abhidhammācariya（論師），是五世紀初斯里蘭卡著名的佛教學者佛音在他的 *Atthasālinī* 中所記載的：

Sāriputta

Bhaddaji

Sobhita

Piyajāli

Piyapāla

Piyadassin

Kosiyaputta

Siggava

Sandehe

Moggaliputta

Visudatta

Dhammiya

Dāsaka

Sonaka

Revata（以上印度祖師）

Mahinda

Ittiya

Uttiya

Bhaddanāma

Sambala（以上斯里蘭卡祖師）【三】

【一】《大正藏》卷二十四，頁六七七中。

【二】*Atthasālinī*, ed. by E. Müller, PTS, 1897, p.32.

Mahinda 本是印度祖師，舊傳佛教就是由他傳到斯里蘭卡的。他在這裡承上啟下，在斯里蘭卡的地位頗有些像在中國成為禪宗中土第一祖的菩提達摩。

兩種傳承，前一種肯定更早一些。【一】巴利文獻中，沒有直接談到「法藏」的傳承。在南傳系統中，似乎是把律和法的傳承混在一起。這大概與南傳佛教比較重律的傾向有關。

六

實際上，在印度佛教的歷史上，最早並沒有付法藏的說法。形成較早，保留原始形態較多的一些佛經，在講到釋迦牟尼臨終時，沒有提到將「法藏」專門託付給某一位指定的弟子。例如《長阿含經》卷三《遊行經》講，佛臨終時告訴比丘們的「四大教法」，是依經，依律，依法，而不依人。【二】*Dīgha Nikāya* 中的經典記載相同。【三】

再如《根本說一切有部毗奈耶雜事》卷三十七講到佛將涅槃：

> 爾時世尊告阿難曰：如是應知，教有真偽。始從今日，當依經教，不依於人。【四】

因此，在釋迦牟尼涅槃後，雖然有以大伽葉為首的弟子們把佛教繼承了下來，但最早並沒有一個統一認定的「接班人」。只是到了後來，佛教發生分裂，出現了互不統屬，主張各異的教團，這就是部派。隨著佛教傳播的地區愈廣，部派分化愈多，很多部派為了證明自己繼承有緒，從而提高本派的地位，便逐漸各自編制出一些或完整或不完整，或真實或不真實的「付法藏」的說法。說一切有部大概是其中最典型的一個。文獻中還有不少的證據，可以說明這方面的情況。

七

從以上的比較，我們可以得出一個結論，禪宗傳法系統中的印度祖師世系，大部分內容

【一】這二十位祖師中，Siggava, Moggaliputta, Dāsaka, Sonaka 以及 Mahinda 等五位又是 vinayapāmokkha。

【二】《大正藏》第一卷，頁一七中—頁一八下。《佛般泥洹經》卷上和《般泥洹經》卷上同。《大正藏》卷一，卷一六七上至中，頁一八二下至頁一八三上。

【三】*Mahāparinibbānasuttanta*, 2.25, *Dīgha Nikāya* ,ed. by Rhys Davids and Carpenter, Vol. 2, PTS, 1903, pp.100, 154.

【四】《大正藏》卷二十四，頁三八九中。

與說一切有部的傳承有關。出現這種情形並不奇怪，因為大約從公元一二世紀開始，到公元七八世紀，在印度西北以及中亞，說一切有部一直是勢力和影響最大的一個佛教部派。它的傳法世系，不管是真實的，還是傳說的，或者說一半是真實，一半是傳說，總之由於在中國流傳最廣，最後被中國僧人所仿效和抄襲。

最後，總結起來說，禪宗——或者擴大而言之，也包括隋唐以後中國其他大多數佛教宗派——所實行的付法傳嗣制度，從形式上講，是對印度佛教付法藏傳統的仿效和發展。在具體的內容上，其印度祖師的一部分，又特別對印度佛教說一切有部的傳承體系做了最多的模仿。這種付法藏的傳統，實際上是在釋迦牟尼去世以後，當佛教僧團發生分裂，演變為不同部派以後，各部派為了給自己一派爭取地位，根據各自的具體情況而逐漸編制出來的。傳法祖師的世系，各部派之間不一樣，各部派內部，不同時候，不同的傳承系統，也有差異。早期中國禪宗的傳法史，倒真和這種情形相差無幾。

原刊《學人》（南京：江蘇文藝出版社，一九九六年），第十輯，有修訂

「洛州無影」與「天下之中」【一】

【一】本文根據作者二〇〇四年十一月提交由日本京都大學人文科學研究所、法國遠東學院、意大利國立東方學研究所主辦，在京都召開的「中國宗教文獻國際學術研討會」的論文〈「洛州無影」：《南海寄歸內法傳》中一條記載的最新考察〉修改而成。

一、問題的由來

唐代僧人義淨的《南海寄歸內法傳》，是一部有關古代印度、東南亞以及中國佛教史的名著，全書四卷，其中卷三有「旋右觀時」一節，專門講當時在印度以及南海地區一日之中怎樣測定時辰：

> 又復時非時者，且如《時經》所說，自應別是會機。然四部律文，皆以午時為正，若影過線許，即曰非時。若欲護罪，取正方者，宜須夜揆北辰，直望南極，定其邪正，的辨隅中。又宜於要處安小土台，圓闊一尺，高五寸，中插細杖。或時石上豎丁，如竹箸許，可高四指，取其正午之影，畫以為記，影過畫處，便不合食。西方在處，多悉有之，名為薜攞斫羯攞（原注：彈舌道之），譯為時輪矣。揆影之法，看其杖影，極短之時即正中也。

佛教僧人依律而住，講究「時」與「非時」，因此「觀時」對持律的僧人們來說是一件很要緊的事。義淨對此講到不少。他講到在「觀時」一事上中國和印度以及南海方面的不同情形：

然贍部洲中，影多不定，隨其方處，量有參差。即如洛州無影，與餘不同。又如室利佛逝國，至八月中，以圭測影，不縮不盈，日中人立，並皆無影。春中亦爾。一年再度，日過頭上。若日南行，則北畔影長二尺三尺。日向北邊，南影同爾。神州則南溟北朔更復不同，北户向日，是其恒矣。又海東日午，關西未中。準理既然，事難執一。是故律云遣取當處日中以為定矣。【一】

室利佛逝是南海中著名古國之一。義淨在唐咸亨二年（六七一年）十一月從廣州附舶，經海路往印度求法，最先到達的，就是室利佛逝國。十四年後，唐垂拱元年（六八五年）冬天，義淨離開印度回國，途中又在室利佛逝停留達四年之久。【二】義淨因此對室利佛逝瞭解最多。室利佛逝舊地，在今印尼蘇門答臘島南部，極盛時勢力甚至達到西爪哇、馬來半島及加里曼丹島西部。室利佛逝的都城，一般認為即在今巴領旁（Palembang），其地剛好在赤道附

【一】《大正藏》卷五十四，頁二五五中至下以及拙稿《南海寄歸內法傳校注》（北京：中華書局，一九九五年），頁一六七—一六八。

【二】參考拙稿《大唐西域求法高僧傳校注》附錄二「義淨生平編年」（北京：中華書局，一九八八年），頁二五三—二六七。

近。【二】「至八月中，以圭測影，不縮不盈，日中人立，並皆無影。春中亦爾。一年再度，日過頭上。若日南行，則北畔影長二尺三尺。日向北邊，南影同爾。」正是這一地理位置的最確切的寫照。這很容易理解。【三】至於「神州則南溟北朔更復不同，北戶向日，是其恒矣。又海東日午，關西未中。」則更是常識。但義淨在這中間講到的「洛州無影，與餘不同」，卻無論如何使人無法理解。洛州即今天河南的洛陽，地理位置在回歸線以北，一年之中怎麼可能有無影的時候呢？十九年前，我整理和研究《南海寄歸內法傳》，工作進行到這裡，第一個感覺，是困惑不解。

二、高楠順次郎的解釋

同樣的問題在我之前其實已經有人遇到過。日本學者高楠順次郎一八九六年在英國牛津大學出版的《南海寄歸內法傳》的英譯本，是一部在學術界很有名的書。他翻譯到此，在這一段英譯文下加了一個注：

The province of Lo is probably Central India. Lo was the capital of China and the centre of 'all under heaven' and I-tsing may have once for all used it as meaning Central India, though very strange.【三】

高楠的注，雖然也算是一種解釋，但顯然他自己也覺得把握不大，說「這非常奇怪」。

【一】參考《大唐西域求法高僧傳校注》，頁四六。

【二】八月中即秋分，春中即春分，日中即正午。據此室利佛逝則正在赤道之上，即包括今蘇門答臘島大部。《新唐書》卷二二二《南蠻傳》亦有「室利佛逝」條，其中講到：「室利佛逝，一曰尸利佛誓。過軍徒弄山二千里，地東西千里，南北四千里而遠。有城十四，以二國分總。西曰郎婆露斯。多金、汞、龍腦。夏至立八尺表，影在表南二尺五寸。」如果以此計算，這裡講到的立表位置，應在北緯六度許處，當在今馬來半島南部，當時屬於室利佛逝的一部分。關於室利佛逝，國外已經有不少研究的專著。見拙稿《大唐西域求法高僧傳校注》頁四六所引。我自己已經有很長一段時間沒有再留意有關室利佛逝的新的研究著作。但二〇一七年九月，在瑞典 Uppsala 大學的一個有關佛教的學術會議上，劍橋大學的 **Janice Stargardt** 博士告訴我，關於室利佛逝，近年來在歷史和考古方面又有一些新的發現和研究成果。**Stargardt** 博士在她與 **Denis Twitchett** 最近合作寫成的一篇文章〈沉船遺寶：一艘十世紀沉船上的中國銀錠〉中就提到了這些發現和相關的資料。文章發表在北京大學出版社二〇〇四年出版的《唐研究》卷十上。

【三】*A Record of the Buddhist Religion as Practised in India and the Malay Archipelago*, by I-Tsing, translated by J. Takakusu, Oxford: Clarendon Press, 1896, p.143.

三、我十七年前的看法

但是，洛州就是洛州，怎麼可以把洛州一下子就説成是中印度呢？高楠順次郎的解釋，沒有根據，實在太牽強。我很難表示同意，但我自己也沒有更好的解釋。我只能認為，這可能是義淨的一個錯誤。因此，我在義淨書中這一段文字之下，寫下了我當時的意見：

> 義淨此處説誤。依字面講，洛州應指洛陽，但洛陽地處北緯三十四度至三十五度之間，一年中任何時候都不可能無影。這一錯誤或與以為洛陽為天下之中的看法有關。高楠此處把洛州解釋為中印度，雖然可以調和義淨説法中的矛盾，但從來沒有人以洛州一名指中印度。【一】

我的意見，批評了高楠順次郎，但實際上也不對。

四、十二年前的一個發現

不過，當時的情況是，我雖然不同意高楠順次郎的意見，實在也另外提不出更合適的解釋，只好做出這樣的判斷。話雖然這樣講了，心裡依然不是很踏實，我覺得比較奇怪的是，我整理這部書時所使用的九個底本，包括八個古代的抄本或刻本——其中有的刊刻得很早——在這句話上都沒有差別，不大像是有抄誤或刻誤。我因此心中始終未能完全釋然。

時間就這樣過去了六七年。一九九三年九月，我去洛陽，參加在那裡舉行的紀念龍門石窟開鑿一千五百周年的學術討論會。會議結束後，我們被安排參觀洛陽附近的一些歷史古跡，其中一處是有名的登封市告成鎮古觀星台。古觀星台院中，有一座「周公測景台」。台用石造，上立有表。就在這裡，我驚奇地發現，這座測景台，被當地人稱作「沒影台」。測景台旁有一段說明文字：

> 夏至正午，表北之影長一尺五寸，正與石座北面上沿長度相等，所以看不出明暗差別，故俗稱為「沒影台」。

【一】《南海寄歸內法傳校注》（北京：中華書局，一九九五年），頁一六七——一六八。拙稿完成於一九八七年初，並在當年六月在北京大學通過博士學位論文的答辯。

河南話的「沒影」，就是無影。我還需要哪裡去找「無影」，這不正是「洛州無影」嗎？不是義淨的書中有錯，是我，當然還包括高楠順次郎，不知道有這座「周公測景台」，所以沒有弄清楚「洛州無影」這句話真正的意思。我心中關於「洛州無影」的困惑，居然不意之間得到了解決。

五、新的不同意見

參觀過「周公測景台」後，我以為我總算是找到了「洛州無影」的答案。但我一直雜務纏身，沒有時間把我的這點小小的發現寫成文章，報告給有興趣的朋友。時間又過去了七年，二〇〇〇年，我終於得到一個機會，以此為題，寫成一篇不長的文章，發表在當年十月出版的《文史》的第三輯上，題目就是《關於「洛州無影」》，[一]我沒想到，真還有感興趣的朋友，注意到了拙文。中國文物研究所的鄧文寬先生，是研究中國古代天文曆法，尤其是敦煌曆書的專家。文寬先生跟我講，他讀過拙文後，有一些不同的意見。文寬先生把他的意見也寫成了文章，發表在二〇〇三年八月出版的《文史》第三輯上，題目是《「洛州無影」補說》。文中最主要的，是對究竟什麼是「無影」，提出了他的解釋。文寬先生認為，所謂「無影」，實際上是指「夏至之日，立八尺之表，其影適當與土圭等」，「日影與土圭一樣長，土圭北側端點以外沒有日影，也即『無影』」。文寬先生同時還指出，拙文中有兩處「誤判」：一是我把這座「周公測景台」建造時間確定為在唐以前。再有就是我由此所說的「義淨當年則一定到過這裡，見過這座周公測景台」的推斷。【二】

六、最新的考察：究竟什麼是「無影」？【三】

文寬先生是我的學長，又是多年的摯友。他對拙文提出意見，我非常感激。但我的感覺，與「洛州無影」相關的，有一些問題似乎確實還沒有說清楚。尤其重要的是，什麼是「洛州無影」，我們都沒有機會到過現場，做過即時實地的觀察，因此終究顯得還是缺乏充分的瞭解。我下決心要去看一看是不是真存在「無影」，「無影」究竟是怎麼回事？

【一】《文史》（北京：中華書局，二〇〇〇年），第三輯，總第五十二輯，頁三〇八—三〇九。

【二】《文史》（北京：中華書局，二〇〇三年），第三輯，總第六十四輯，頁一九四—一九七。

【三】借此機會，我這裡要特別感謝支持這次實地觀察活動的河南省文物局孫英民副局長和專程陪同我前去登封的省文物局文物處張斌遠副處長以及接待我們的登封市文物局靳銀東局長和古觀星台文管所安延民和申穎超兩位所長。觀察所見即本節及下一節所講到的部分內容曾以《再說「洛州無影」》為題發表在二〇〇四年出版的《唐研究》第十卷上。

二〇〇四年六月二十一日，是農曆的夏至，我與河南省文物局的兩位先生，專程到河南登封市告成鎮的古觀星台，實地觀察「無影」的情形。天公作美，是日萬里晴空，陽光燦爛，正是觀察「無影」的極好的機會。雖然氣溫高達三十七攝氏度，但絲毫沒有降低我們的興致。觀星台文管所的工作人員講，夏至有這樣的好天氣，過去四年，從沒有過。過去幾年，一直有人，包括電視台，打算來此地，觀察或拍攝「無影」，但都未成功。我們因此是很有運氣的了。

在此前的討論中，我早講過，從天文學的角度講，洛州在北回歸線以北，一年中的任何時候，都不可能無影。這是常識，不可改變，也無需討論。但問題就出在這兒：即使是本來有影，但在唐代，在洛陽的當地，就是有「洛州無影」這樣一個說法。義淨不過是在他的《南海寄歸內法傳》書中講到「觀時」的經驗時，記載了這個說法而已。

我們這天對測景台的觀察，從北京時間的十一點半開始，一直到下午一點一刻結束。現在的測景台，台為覆斗型。與地平相對，台的四個立面並不垂直，而是呈現為不大的斜面。台頂立有石表。台附近有樹，樹身頗高。樹蔭不時可以遮擋住石台前後的陽光，但石台和石表的大部分，仍然在陽光照射之下，各個方向的日影都很清楚。我們原來以為，「無影」應該出現在北京時間的十二點正。等至十二點正，情況並非如此。在石台正北的地面上，有石台的日影，也有石表的日影，日影稍微偏西。這時我們才突然想到，從天文時的角度講，北京時間的正午，未必就是當地的正午。當地時顯然比北京標準時要晚。於是我們繼續等候。日影逐漸縮小，到下午一點零八分，不僅在石台正北的地面上見不到石表的日影，石台自身的日影也完全消失。不僅北面如此，其他三方的地面上也是如此。石台旁邊的樹蔭，此時亦全部退開。以當地的天文位置為準，應該說此時就是太陽運行一年中的最高點，也就是夏至點。這時仔細觀察，陽光雖不是絕對垂直地射下，但射下的角度，剛好與石台正北立面的傾斜度相同，因此石台的日影被掩藏了起來。不僅如此，石台上石表的日影，這時也收縮至最短，長度剛好到石台北面上沿，與上沿齊平，因此原來映射在地面上的石表的日影也完全見不到了。「無影台」為什麼稱作「無影」，此時終於得到驗證。其中的道理，說簡單也簡單，但說它是一種巧思妙想，也毫不過分。測景台北面鐫刻的聯句：「道通天地有形外，石蘊陰陽無影中」，描寫的正是這種情形。【一】

【一】這副對聯不知道撰成於何時，但至少不會是當代人的作品。在河南當地，知道「沒影台」的人不少，但知道義淨書中講到過「洛州無影」的人似乎不多。我問過一些河南文物考古界的朋友，他們都不知道義淨的書提到這件事。

「無影」持續時間很短，前後僅一兩分鐘。到下午一點十分，日影重新出現，不過這時轉至石台正東的地面上。石台和石表，都是如此。「無影」的整個過程，我們都拍了照。現在稍覺可惜的是，當時不該只是照相，同時應該錄影。

以上是我們觀察的全部過程。以我直截了當的想法——我相信一般人也會這樣理解——這裡講的「無影」，就是指在這樣一種場合下地上太陽光影完全消失的情形。如果沒有「周公測景台」特殊的設計，這是不可能的。「紙上得來終覺淺」，如果僅僅從書本上去體會，不親眼見到，相信對此不會有很深的感受。義淨講：「洛州無影，與餘不同。」這種情景，對於當年的古人，大概也會留下同樣深的印象。

至於文寬先生因為「以夏至之日，立八尺之表，其影適當與土圭等」，認為「日影與土圭一樣長，土圭北側端點以外沒有日影，也即『無影』」，這樣的解釋，我以為與這種情形恐怕並不相合。《周禮．地官．大司徒》有關一段講：「以土圭之法，測土深，正日景，以求地中。日南則景短，多暑；日北則景長，多寒；日東則景夕，多風；日西則景朝，多陰。日至之影，尺有五寸，謂之地中。」鄭玄注則引鄭司農即鄭眾的話作進一步的說明：「土圭之長，尺有五寸。以夏至之日，立八尺之表，其影適當與土圭等，謂之地中。今潁川陽城地為然。」【一】這兩段話，在各種書裡被人反復引到。【二】但無論是《周禮》，還是鄭玄的注或者說是鄭眾的話，都說得明明白白，不是無影，而是有影，只有影長或影短的不同，夏至之日影長一尺五寸。這其中哪裡提到「無影」，或者有「無影」僅僅是指一尺五寸之外無影的意思呢？此時日影既然只有一尺五寸，一尺五寸之外當然無影，何需多說？又何需另作曲折的解釋？

中國自古以來以豫州即洛陽一帶為天下之中，如果從建表觀天而言，陽城則更被認為是中心的中心。正因為古人以陽城為「地中」，陽城的日影一尺五寸，土圭於是也就設計為同樣的尺度。但讓「測景台」在夏至正午整體看起來「無影」，卻一定是要另費一番心思的。

我對天文史所知甚少，以我有限的見聞，這樣的情形，在其他地方、其他國家似乎還沒有聽說過。

【一】《周禮注疏》卷十，《十三經注疏》，中華書局影印阮元刻本，上冊，頁七〇四。

【二】例如各種正史中的《天文書》或《天文志》。與陽城觀影最密切相關的，是《舊唐書》卷三十五《天文志》中「日晷」一段和《新唐書》卷二十一《天文》中「中晷之法」一段。中華書局標點本，《舊唐書》第四冊，頁一三〇三和《新唐書》第三冊，頁八一二—八一六。唐初人對陽城為「地中」的看法，亦可參考《晉書》卷十一《天文志》，中華標點本，第二冊，頁二八七。《晉書》所記雖限於晉代史事，但撰寫者房玄齡等俱為唐初時人。

七、測景台建於何時？

現在討論相關的另一個問題：在義淨的時代，也就是在唐初甚至在唐以前，在現在告成鎮的古觀星台這個地方，是不是就有這座「周公測景台」？文寬先生的看法，這座「周公測景台」，建造的時間是在唐開元十一年（七二三年），也就是說，是在義淨去世之後，義淨當然也就不可能見過。

對這個問題，文寬先生很細心，他的批評也不能說完全沒有根據，不過我以為他的考慮實際上仍然不是很周全。告成鎮即古代的陽城。文寬先生引到《新唐書》卷三十八《地理志》「河南府河南郡」陽城條下的記載：「有測景台。開元十一年，詔太史監南宮說刻石表焉。」【一】這說明我們現在見到的石表，的確建立於開元十一年。這也是大家目前都接受的看法。但是，對這段文字，我與文寬先生在理解上卻有些不同，或者說剛好相反。我以為，這段記載實際的意思是，在陽城這個地方，在開元十一年以前，不是沒有測景台，而是早已建有一座測景台，南宮說所做的事，就是奉詔在這裡刻立一個新的石表。當然，我們今天見到的這個「周公測景台」，如果把石表看成是南宮說刻立的原物，石台因此也有可能由南宮說同時建造。但無論如何，此前這裡一定是有一座測景台的。這一點，《新唐書》已經講了。同時——

也許更重要的是——這座測景台一定還要與現在的「沒影台」一樣，能夠表現出「無影」的效果，並且廣為人知。否則，義淨不會講到「洛州無影」。「洛州無影」的說法，絕對不可能是義淨自己個人的發明。

對此其實還有其他的證據。《通典》卷二十六《職官》記載：「儀鳳四年五月，太常博士、檢校太史姚玄辯奏於陽城測影台，依古法立八尺表，夏至日中，測影有尺五寸，正與古法同。」[二] 這說明，不僅在南宮說刻立石表之前，而是在唐儀鳳四年（六七九年）之前，陽城即建有測影台。至於這座測影台是不是早到周公的時代，是周公的原物，可以討論，也可以懷疑。但如果說，姚玄辯提到的陽城測影台，是南宮說「刻石表」的基礎，也就是今天我們見到的「周公測景台」的前身，我想應該可信。

支持這一點的，還有一個證據。《周禮注疏》的作者賈公彥對上引《周禮·地官·大司徒》測影以定「地中」的一段話以及鄭玄的注又有一段疏解：「鄭司農云：潁川陽城地為然者，

【一】《新唐書》，中華書局標點本，第四冊，頁九八三。
【二】《通典》，中華書局本，一九八八年，頁七三九。鄧文寬文中已引。

潁川郡陽城縣是。周公度景之處，古跡猶存。」【二】這個古跡，無疑是指姚玄辯提到的陽城測影台。

賈公彥撰《周禮注疏》，約在唐高宗永徽年間（六五〇—六五五年），時間比姚玄辯陽城測影還稍早一點。賈公彥和姚玄辯的時代，都比南宮說早，正與義淨同時。

對於測景台的歷史，今觀星台院內有碑，上有說明，其中一段我認為講得合情合理：

> 周公測景台，又叫「測影台」，學名「八尺表」，俗稱「無影台」，是我國古代立八尺表土圭測影的遺制，是測量日影驗證時令季節的儀器。周文王四子（周公姬旦）為營建洛陽曾在此測驗日影。唐開元十一年（七二三年），太史監南宮說等人仿以周公土圭之制換以石圭石表。

意思是當年周公測影，是在這個地方，在南宮說「刻石表」之前，這個地方曾立有日表。這樣的推斷，我以為可以接受。因為我相信，南宮說建石表和石台時，沒有特殊的理由，不可能另選新址，最大的可能是在傳說的或者說已經標定的周公測影的地方，仿周公測影的規制，刻立一個新的石表。現成的地方就是賈公彥和姚玄辯提到的陽城測影台。這裡「北依嵩山，南望箕山。處潁河之濱」，對於古人做天文觀測，是一個優越的位置。選擇在這裡建測景台，無論最早是不是周公，在當年都不是隨意所為，而且這在歷史上自然還會有一個前後繼承的關係。在這個地方測過日影的，我們知道的，唐代至少有姚玄辯、南宮說和一行，元代有郭守敬。既然陽城自古以來就是測影的重要地點，同時唐初就有明確記載，在這裡已經建有測影台，我們又沒有其他的理由，為什麼不可以相信，在唐以前，陽城的測影台也是建在現在觀星台的這個位置呢？

不過，現在看南宮說刻立的這個石表，恐怕是紀念性的意義大於實際觀測的目的，因為在石表所在的現在這個形狀的石台上，很難設置水平。而且，如果再要在冬至測冬至點，就更不方便。它最大的功用，除了紀念「周公營洛，建表測景」這一傳說中的歷史，估計就是在夏至之時，以「無影」的方式顯示這裡就是「地中」。

因此，總結起來說，我以為在南宮說以前，在今天「周公測景台」這個地方，有一座測景台，而且也是「無影台」。從這一點考慮，說唐初義淨來過，在這裡見過一座測影台，不

【一】同前引《周禮注疏》注。

能算是無端的推論。【一】

八、「洛州無影」與「天下之中」

從我上面的介紹中，我們看到，夏至之日，在登封的「周公測景台」，由於特殊的設計，在這樣一個特殊的場合，「洛州無影」確實是可能的。我們實地的觀察對此已經做了證實。但隨之而來還有一系列問題，就是：對於古人，這究竟是一種偶然的巧合，還是有意的所為？如果說是有意所為，古人為什麼要這樣做？這其中是否有某種象徵性的意義？

對這三個問題，我也考慮了很久。我對第一個問題的看法是從各方面來看，這不大可能是一種偶然的巧合。測景台由人工建造，建造這樣的建築，在任何時候都不是一件隨隨便便的事。測景台建造時一定要經過認真的設計。不管是誰，也不管在什麼時候，在這裡建造測景台，設計建造的人一定是當時一流的天文學家。測景台的形制、規格、尺寸，尤其是與測量日影直接有關的石表與石台的相關比例，石台的方位以及側面的傾斜度，絕對是設計和建造者首要考慮的問題。一定程度上甚至可以這樣說，古代天文觀測和天文儀器的製造水準，就正體現在這些方面上。從這些因素考慮，我們不能不得出這樣的結論：測景台能夠出現「無影」，是設計者的有意所為。

對第二個問題，我想沒有別的解釋，仍然只有從義淨的記載中去考慮。首先，我相信，「洛州無影」不是義淨個人隨意的想當然的講法，更不可能是義淨自己的發明，而是當時當地的一個被普遍接受的說法。義淨的書中講：「贍部洲中，影多不定，隨其方處，量有參差。即如洛州無影，與餘不同。」這一段話，其中的關鍵，是「與餘不同」。測景台為什麼要建造成可以出現「無影」的效果，就是為了要「與餘不同」。為什麼要「與餘不同」？對此也沒有別的解釋，只能說因為在測景台的建造者或者說當時的人看來，這不是一般的地方，是「地中」，也就是「天下之中」。只是我們現在不是很清楚，義淨本人在講到此事時，對這一問題的認識，究竟有怎樣的深度。也就是說，義淨是真的相信洛州「與餘不同」，可以「無影」呢，還是他心裡也明白這僅僅是一種通過人工設計，刻意造成的景象？

於是這就涉及到最後一個問題：製造這種「與餘不同」的景象，有什麼象徵性的意義？現在看來，一個比較合理的解釋是，這與古代中國人以豫州或者說洛陽為「天下之中」的觀

【一】由「周公測景台」，我想到最近受到很大關注的周原「周公廟」遺址考古的新發現。對於古代歷史中有的傳說，看來我們需要作重新考慮。「疑古」也需要有一定的限度。古代的一些歷史傳說，既不可完全接受，但也不能輕易否定。

念有關。這一點，我在前面已經簡單地提到。高楠順次郎對「洛州無影」的解釋，雖然不對，但其中也表現出這樣的一種直覺。

把中原地區看作是「天下之中」，這樣的觀念，在先秦時已經出現。「地中」的說法，見於《周禮》，其中已經隱含有「天下之中」的意思。【一】這種觀念，在漢以後逐步定型。到了隋唐時代，成為普遍接受的說法。唐初洛陽更一度是國家政治的中心，大唐盛世，天下一統，更會加強這種觀念。【二】

無獨有偶的是，在印度，也有一個稱作「中國」的地方。古代印度，大分為五個部分，稱為「五印度」，或者稱為「五天竺國」。其中央的一部分，稱作Madhyadeśa，譯成漢文，也是「中國」。【三】但這是印度之「中國」，而非中國之「中國」。而且，我的印象，印度人，尤其是古代的印度人，他們講到的「中國」或「中心」，似乎更多的是從地理方位的角度考慮，政治文化方面的含義則比較淡薄。這與中國的情形有些不一樣，其中是否體現出中印兩國文化傳統和心態的某些不同？【四】

佛教傳入中國後，翻譯出大量的佛經，佛經以及中國求法僧的著作中，不時提到這個「中國」，而把中國人的中國反而稱作「邊地」。這往往引起一部分中國人，尤其是不瞭解這裡「中國」一詞的來源或者是不信仰佛教的中國人的反感和反駁。典型的一個例子，是清代

【一】「地中」亦即「天下之中」，這樣的理解，應該沒有問題。孫詒讓《周禮正義》相關的解釋是：「地中者，為四方九服之中也。《荀子．大略篇》云：欲近四旁，莫如中央。故王者必居天下之中，禮也。」中華書局重印本，一九八七年，第三冊，頁七二一。孫詒讓的話，略帶一點清儒的學究氣，但講得大致不錯。

【二】古代中國人以自己居住之地為天下的中心，其心理態勢完全可以理解。在今天中國的地理範圍內，古代曾經存在有不同的族群，因此也有不同的「天下之中」。可以是「陶為天下之中」，也可以「韓、魏中國之處，而天下之樞也」。在古代巴蜀，「都廣之野」，即今天的成都一帶，也曾經被認為是「天下之中」。參見蒙文通〈略論《山海經》的寫作時代及其產生地域〉，載《古學甄微》（成都：巴蜀出版社，一九八七年），頁三五—六六。蒙先生以《山海經》的研究為題，討論及此，有極精到的意見。與「天下之中」有關的，見該文第二節，頁四四—五四。即便是在唐代，對究竟何處才是天下之中，人們的意見似乎仍然不完全一致。文獻中有關於「洛中」的記載。

【三】參考 B.C. Law, *Historical Geography of Ancient India*, Delhi: Ess Ess Publications, 1976, pp. 11-15。

【四】從政治文化的角度講，古代印度人似乎不太計較哪裡是「中心」和誰在「中心」。有趣的是，中國人即使講到印度的事，卻往往也試圖確定一個中心。這方面可以舉一個例子，如「梵音」梵文的發音應該以哪裡的「梵音」為標準的問題。參見季羨林〈所謂「中天音旨」〉，載《季羨林佛教學術論文集》（台北：東初出版社，一九九五年），頁三九三—四二八。這其中中國人的心態是否值得玩味？

四庫館臣對東晉僧人法顯的《法顯傳》書中有關印度的「中國」一段的批評。【一】其實，不管是在中國還是在印度，所謂的「中國」或「天下之中」，其實都不過是以自己為中心而形成的一種觀念。天下原本是沒有中心的。

古代的中國人把自己所處的地方看作是天下的中心，這並不奇怪，我們驚奇的只是，怎麼可以想出這樣一種辦法來把這種理念象徵性地表達出來？為了證明是「天下之中」，對做太陽觀測用的測影台和測影表做出這樣特殊的設計，由此造出「無影」的奇觀。這種情形，以我有限的見識，我以為，大概古今中外是絕無僅有。

九、附言與結語

在結束本文之前，應該附帶講一下我們在現場的一個可能也算有意思的發現。在「周公測景台」的北面，是元代郭守敬在至元十三年（一二七六年）建造的觀星台。這是中國古代最偉大的天文建築之一，古觀星台因此成為國家重點保護的文物遺址。我們在觀察「無影」的同時，還發現一個現象，在正午時分，陽光照射下的這座觀星台的主體建築，也是「無影」。原因也很簡單，觀星台北面牆體的建築收分，剛好與陽光的斜度一致。這是建築設計時郭守敬的有意而為，還是一種巧合，我說不清楚。講出來，供有興趣的人參考。

最後，再多說一句話。義淨的《南海寄歸內法傳》一書，內容十分豐富，其意義其實不僅限於佛教。這裡講「觀時」的幾段記載，即是研究古代科技史的好材料。其他方面的學者如果用心，也能從書中發現許多有用的東西。

補記：

拙文撰成後，曾送請中國科學院自然科學史研究所韓琦先生指教。韓琦先生告訴我，一九三九年，中央研究院曾出版過董作賓、劉敦楨、高子平等編著的《周公測景台調查報告》。其後韓先生並複印此書送我。董書資料非常詳備，討論亦極具水準，尤其是書中附有二十世紀三十年代測景台和古觀星台的照片和測量資料。瞭解測景台的歷史，董書不可或缺。董書中也提到了周公測景台在夏至會出現「無影」的現象。拙文所講，或可對董書做一些補充。在此謹對韓琦先生的厚意表示感謝。

原刊《四川大學學報》，二〇〇五年第四期

【一】《四庫全書總目》，卷七十一，史部地理類四「外紀」：「其書以天竺為中國，以中國為邊地，蓋釋氏自尊其教，其誕謬不足與爭。」北京中華書局影印本，一九八一年，頁六三〇。

「雜藏」考

一

佛教的經典，常常被稱為「三藏」。所謂三藏，指經、律、論。這是常識，人所熟知。把經典總分為三藏，不僅是北傳佛教的做法（Tripitaka），南傳的上座部也一樣（Tipiṭaka），只是南傳的三藏，在次序上安排不同，不是經、律、論，而是律、經、論。這一安排，似乎不簡單的是在編排自家經典時的隨意所為，卻反映出南傳的上座部和北傳的各部派當年分道揚鑣時在教理意義上的不同。不過我們現在已很難弄清楚，在最初結集經典時，究竟是經應在先還是律應在先。因為我們現在知道的有關結集經典的傳說，其最後形成，大多晚於經典本身，各家各派的說法又有差異，僅僅根據這些傳說，很難判斷哪一種說法是正確的。【一】

「三藏」的說法，最為流行，但也有「四藏」或者「五藏」的說法。唐玄奘《大唐西域記》卷九，講到佛涅槃後的「第一次結集」，先講結集「三藏」：

是時安居初十五日也。於是迦葉揚言曰：念哉諦聽！阿難聞持，如來稱讚，集素呾纜藏。優波釐持律明究，眾所知識，集毗奈耶藏。我迦葉波集阿毗達磨藏。兩三月盡，集三藏訖，以大迦葉僧中上座，因而謂之上座部焉。【二】

又講到結集「五藏」：

> 阿難證果西行二十餘里，有窣堵波，無憂王之所建也，大眾部結集之處。諸學無學數百千人，不預大迦葉結集之眾，而來至此，更相謂曰：如來在世，同一師學，法王寂滅，簡異我曹。欲報佛恩，當集法藏。於是凡聖咸會，賢智畢萃，復集素呾纜藏、毗奈耶藏、阿毗達磨藏、雜集藏、禁咒藏，別為五藏。而此結集，凡聖同會，因而謂之大眾部。【三】

佛涅槃後有無一次結集，結集的情形和結果怎樣，是一個非常複雜的問題，我們暫且不去多管它。這裡對我們有意義的是，玄奘在七世紀初去印度，回國後在他的《大唐西域記》中記載了許多有關西域各國的情況，其中就有這樣一條與「三藏」或「五藏」有關的傳說。

【一】參 E. Frauwallner, *The Earliest Vinaya and the Beginning of Buddhist Literature*, Rome ,1956; H. Bechert und R. Gombrich , (hrsg.), *Die Welt des Buddhismus* , München , 1984 中有關章節。

【二】季羡林等，《大唐西域記校注》（北京：中華書局，一九八五年），頁七三九—七四一。

【三】同上。

除了經（素呾纜）、律（毗柰耶）、論（阿毗達磨）三藏外，引起我們注意的是後兩藏：「雜集藏」和「禁咒藏」。禁咒藏的問題，這裡暫且也不作討論，只集中討論所謂的雜集藏，或簡稱雜藏。

二

依照上面所引玄奘記載的說法，上座部只結集有三藏，而大眾部則有五藏。但是，從我們現在所能看到的佛教文獻推斷，在所謂的第一次結集上，以迦葉波為首的上座們結集而成的，不是三藏，而只有兩藏，即「法藏」和「律藏」，前者即經藏。南傳的巴利文律藏的 *Cullavagga* 是現存最早的佛教文獻之一，其中的 Pañcasatikakkhanda 就講，在大迦葉（Mahākassapa）的主持下，先由優波釐誦出律，再由阿難誦出法，也就是經，可是沒有明確提到論。【二】在這一點上，我們在下面可以看到，其他部派相應的文獻（律），記載也大多相同。因此，玄奘記載的說法不盡正確。而更重要的是，在第一次結集時，根本就不可能出現了部派。

但是玄奘所講，也不能說就完全不對。南傳上座部現存的經典，確實是由律、經、論三大部分組成。玄奘去印度時，已經如此。玄奘撰寫《大唐西域記》，常常是有聞即錄，何況當時上座部的經典確已是如此。[二] 只是他記載的顯然是出現得比較晚的一種說法。

在 Pañcasatikakkhanda 有關的一段敘述中，我們看到，關於律藏，提到屬於 Pātimokkha 的 pārājika 等。關於經藏，提到了五部 nikāya，更具體一點，則提到了 *Brahmajālasutta*（《梵網經》）和 *Sāmaññaphalasutta*（《沙門果經》）。沒提到論藏，當然也沒有「雜藏」。巴利文獻中與此相關，年代相對較早的兩部史籍 *Dīpavaṃsa* 和 *Mahāvaṃsa* 的記載大致也相同。[三]

再看大眾部以及其他部派方面的情形。我們知道，原始佛教的教團，在釋迦牟尼涅槃後數百年間，分為各個不同的部派，是以上座、大眾兩部的分裂為其濫觴。但各個部派中，除了南傳上座部，沒有一個部派的文獻完整地保留了下來。大眾部現存有幾種經典，其中最完

【一】*The Vinaya Piṭaka* , H. Oldenberg, Vol. II , *The Cullavagga* , London , 1930, II, 2-8, pp. 285-287.

【二】我數年前在拙稿〈義淨《南海寄歸內法傳》校注與研究〉中也曾討論到如何評價玄奘在《大唐西域記》中記載的傳說問題。見北京大學油印稿，上篇，頁六五。我講到玄奘常常是有聞即錄，舉了相似的例子。

【三】*The Dīpavaṃsa*, ed. H. Oldenberg, London, 1879,IV, 1-26, pp. 30-32; *Mahāvaṃsa*, ed. By W. Geiger, London, 1908, III, 26-37, pp. 18-19。不過我們也可以說，這兩部書的資料來源，很多就出自巴利文律藏，或與巴利文律藏同源。

整的是東晉法顯翻譯的一部《摩訶僧祇律》，其性質正與巴利三藏中的 *Vinayapiṭaka* 相當。《摩訶僧祇律》卷三十二講到第一次結集，先講結集經：

> 尊者阿難誦如是等一切法藏，文句長者，集為《長阿含》；文句中者，集為《中阿含》；文句雜者，集為《雜阿含》，所謂根雜、力雜、覺雜、道雜，如是比等名為雜；一增二增三增乃至百增，隨其數類相從，集為《增一阿含》、《雜藏》者，所謂辟支佛、阿羅漢、《自說》、《本行》、《因緣》，如是等比諸偈頌，是名《雜藏》。【一】

這裡就有「雜藏」，也就是玄奘講的「雜集藏」，並且對雜藏是些什麼樣的經典略略作了點說明。但卻沒有「禁咒藏」。《摩訶僧祇律》以下再講結集律，沒專門提到結集論，但後面有一處地方卻又列舉到「比尼、阿毗曇、《雜阿含》、《增一阿含》、《中阿含》、《長阿含》。」一串名字。【二】

另一佛教部派，化地部，被認為是從上座部分出。化地部的文獻，確切知道的只有一部漢譯的律，即劉宋時代佛陀什共竺道生等譯出的《五分律》。《五分律》卷三十在講結集經時也提到「雜藏」：

迦葉如是問一切修多羅已，僧中唱言：此是長經，今集為一部，名《長阿含》；此是不長不短，今集為一部，名為《中阿含》；此是雜說，為比丘、比丘尼、優婆塞、優婆夷、天子、天女說，今集為一部，名《雜阿含》；此是從一法增至十一法，今集為一部名《增一阿含》。自餘雜說，今集為一部，名為《雜藏》。合名為修多羅藏。【三】

在此之前結集了律，雖然仍沒有論。

法藏部被認為又是從化地部所分出。法藏部的文獻，最完整，而部派歸屬又最可靠的也是它的漢譯的一部廣律，姚秦時由佛陀耶舍、竺佛念等譯出，稱作《四分律》。《四分律》卷五十四講結集經：

> 阿難皆答。如長阿含說，彼即集一切長經，為《長阿含》；一切中經，為《中阿

【一】《大正藏》第二十二卷，頁四九一下。
【二】同上，頁四九二下。
【三】同上，頁一九一上。

含》；從一事至十事，從十事至十一事，為《增一》。雜比丘、比丘尼、優婆塞、優婆私、諸天、雜帝釋、雜魔、雜梵王，集為《雜阿含》。如是《生經》、《本經》、《善因緣經》、《方等經》、《未曾有經》、《譬喻經》、《優婆提舍經》、《句義經》、《法句經》、《波羅延經》、《雜難經》、《聖偈經》，如是集為《雜藏》。【一】

「雜藏」包括些什麼經典，這裡講得比較清楚。再有，也沒有提到論，但後面的一段中提到了三藏一名。【二】

還有一部律，失譯附秦錄的《毗尼母經》，其部派歸屬不很清楚，卷四講到結集「三藏」，在三藏中提到雜藏：【三】

五百僧坐已，取五部經，集為三藏。諸經中有說比丘戒律處，集為《比丘經》。諸經中有說戒律與尼戒相應者，集為《尼經》。諸經中乃至與迦絺那相應者，集為《迦絺那揵度》。諸《揵度》、《母經》、《增一》、《比丘經》、《比丘尼經》，總為毗尼藏。諸經中所說。與《長阿含》相應者，總為《長阿含》。諸經中所說，與《中阿含》相應者，集為《中阿含》。一、二、三、四乃至十一數增者，集為《增一阿含》。與比丘相應，與比丘尼相應，與帝釋相應，與諸天相應，與梵王相應，如是諸經，總為《雜阿含》。若《法句》、若《說義》、若《波羅延》，如來所說，從修妒路，乃至優波提舍。如是諸經與雜藏相應者，總為雜藏。如是五種名為修妒路藏。有問分別、無問分別、相攝、相應、處所，此五種名為阿毗曇藏。此十五種經，集為三藏。【四】

但是，也有一些佛教部派的文獻在講第一結集時，講到了三藏，可是沒提到「雜藏」。後一點與南傳的巴利文文獻一樣。姚秦時弗若多羅、鳩摩羅什等譯出的《十誦律》，屬於說一切有部，在中亞和漢地都曾流行很廣，其中有「五百比丘結集三藏品」，就是如此。【五】另一佛教部派，根本說一切有部，在很多方面與說一切有部很接近，七八世紀時在中亞

【一】《大正藏》第二十二卷，頁九六八中。

【二】同上，頁九六八下。

【三】日本學者平川彰認為《毗尼母經》屬於法藏部，見其《律藏の研究》（東京：三喜房，一九六〇年），頁七〇三。呂澂認為屬於雪山部，見其《印度佛學源流略講》（上海：上海人民出版社，一九七九年），頁三九。

【四】《大正藏》卷二十四，頁八一八上至中。

【五】原書，卷六十，《大正藏》卷二十三，頁四四七中。

和印度有很大影響。他們的律，漢譯和藏譯都相當完整，其中有關第一結集的一部分，也同樣如此。【一】

上面所引，不管是僅有經、律，還是經、律、論俱全，不管是有「雜藏」，還是沒有「雜藏」，意義不在於說明最初結集時有無雜藏，有幾藏，因為要認真回答這些問題，存在很多困難，我們只能暫且不管。此處的意義只在於，在我們今天所能見到的各部派的經典編定時，哪一部派在自己的經典中作了「雜藏」一類的劃分，而哪一些又沒有。這樣，歸納起來說，依據現存的經典，我們可以知道，在自己的經典中劃出「雜藏」這一類別的有大眾部、化地部、法藏部，或者還有雪山部，但上座部、說一切有部和根本說一切有部卻沒有這樣做。【二】至於其他部派，因為沒有確定的文獻流傳下來，或者流傳下來的文獻不足以說明問題，情形就不得而知了。

三

以上部派文獻的說法。大乘的正式出現，比部派晚，大乘的文獻中也講到三藏、四藏、五藏、雜藏等。失譯附後漢錄的《分別功德論》卷一講「五藏」：

所謂雜藏者，非一人說。或佛所說，或弟子說，或諸天讚頌。或說宿緣，三阿僧祇菩薩所生。文意非一，多於三藏，故曰雜藏也。佛在世時，阿闍世王問佛菩薩行事，如來具為說法。設王問佛，何謂為法？答：法即菩薩藏也。諸方等正經，皆是菩薩藏中事，先佛在時，已名大士藏。阿難所撰者，即今四藏是也。合而言之，為五藏也。【三】

包含不少大乘成分的《增一阿含經》在「序品」中講：

【一】漢譯如唐義淨譯《根本說一切有部毗奈耶雜事》卷四十，《大正藏》卷二十四，頁四〇七中至頁四〇八中。

【二】這種情形，後來可能也有變化。《高僧傳》卷二《鳩摩羅什傳》中講到羅什曾經從罽賓名僧盤頭達多學習經典，其中有「雜藏」及《中阿含》、《長阿含》等。《大正藏》卷五十，頁三三〇中。據僧祐《薩婆多部記》，盤頭達多是說一切有部的僧人。《大正藏》卷五十五，頁八九中，頁九〇上。因此說一切有部後來（公元四五世紀，鳩摩羅什時代）有可能也在自己的經典中劃出了「雜藏」這一類。從經典發展的歷史和部派間的關係看，這是完全可能的，所謂 analogic development。

【三】《大正藏》卷二十五，頁三二中。

契經一藏律二藏，阿毗曇經為三藏，方等大乘意玄邃，及諸契經為雜藏。【一】

鳩摩羅什翻譯《大智度論》卷十一：

復次，有人言以四種法教人：一修妒路藏，二毗尼藏，三阿毗曇藏，四雜藏。【二】

《大智度論》當然是大乘的經典。它是不是龍樹所著，暫且不管它，但說它是代表鳩摩羅什時代在中亞或許也包括印度最有影響的大乘佛教的作品之一，則肯定無疑。同書卷四十九：

所謂八萬四千法眾，十二部經，所謂阿含、阿毗曇、毗尼、雜藏、摩訶般若波羅蜜經等，諸摩訶衍經，皆名為法。【三】

除了部派和大乘文獻，另外一部佛教史籍，失譯附東晉錄的《撰集三藏及雜藏傳》，題目中就特地將雜藏標出，講：

云何四藏？阿難可說，為眾生故。阿難答曰：此說各異，隨眾意行，是名雜藏。佛說宿緣，羅漢亦說，天梵外道，故名《雜藏》。中多偈頌，問十二緣。此各異入，是名《雜藏》。三阿僧祇，菩薩生中，所生作緣，故名三藏。中多宿緣，多出所生，與阿含異，是名《雜藏》。《雜藏》之法，讚菩薩生，此中諸義，多於三藏。都合諸法，結在一處。【四】

在佛教歷史上，大乘作為一種思潮，或者說是運動，是超越於部派之上的。信仰大乘的佛教徒雖然在宗教理論上作了革新，但同時也還承認和使用原來部派佛教的部分經典。《增一阿含經》把大乘經典和「諸契經」歸為一類，作為「雜藏」，就是一例。而《大智度論》卻似乎把大乘經與雜藏稍稍作了區別。

【一】《大正藏》卷二，頁五五〇下。《增一阿含經》一般多認為屬於大眾部的經典，但其中顯然已經滲入或發展出了許多大乘的思想。
【二】《大正藏》卷二十五，頁一四三下。
【三】同上，頁四一二上。
【四】《大正藏》卷四十九，頁三下至頁四上。

四

雜藏的具體內容，依前引《摩訶僧祇律》，是：

> 辟支佛、阿羅漢、《自說》、《本行》、《因緣》，如是等比諸偈頌。

依《五分律》，是：

> 自餘雜說，今集一部，名為《雜藏》。

依《四分律》，是：

> 《生經》、《本經》、《善因緣經》、《方等經》、《未曾有經》、《譬喻經》、《優婆提舍經》、《句義經》、《法句經》、《波羅延經》、《雜難經》、《聖偈經》。

依《毗尼母經》，是：

> 若《法句》、若《說義》、若《波羅延》，如來所說，從修妒路，乃至優波提舍。如是諸經與雜藏相應者，總為雜藏。

依《撰集三藏及雜藏傳》：

> 中多偈頌，問十二緣。此各異入，是名《雜藏》。

各處的說法詳略不等，總起來，可以列出的有自說（Udāna）、本行（Itivṛttaka）、因緣（Nidāna）、生經（Jātaka）、偈頌（Gāthā）、方等（Vaipulya）、未曾有（Adbhutadharma）、譬喻（Avadāna）、優婆提舍（Upadeśa）、句義（說義 Arthavarga）、法句（Dharmapada）、波羅延（Pārāyaṇa）、雜難（Saṃcodana）、聖偈（Sthaviragāthā）這樣一些經典（修妒路 Sūtra）。或者，簡單一句話，「自餘雜說」，統稱雜藏。

但是，在列舉出的這樣一些名稱中，已經很難確指出在現存的北傳經典中究竟是哪一部或哪一種，因為這些名稱基本上只是指這類經典的文體或依據其內容可能歸入的類型，與早期佛教徒把經典分為「九分教」或「十二分教」很相似，有一些就包括在「九分教」或「十二分教」中。不過，如果稍微仔細分析一下，也可以指出一些，例如：「本行」有玄奘的譯本《本事經》。「生經」類型的漢譯經有《六度集經》、《生經》、《菩薩本緣經》、《菩薩本行經》等數種。「譬喻」則有 *Divyāvadāna* 和 *Aśokāvadāna*，後者漢譯本即西晉法欽譯《阿育王傳》和梁僧伽婆羅譯《阿育王經》。「句義」或「說義」大致是三國時吳支謙所譯的《義足經》，不僅有漢譯本，而且近代又在我國新疆發現了梵文的殘本。「法句」則從三國至宋有四個漢譯本，再加一個藏譯本。梵本也是在新疆發現的，只是不稱作 *Dharmapada*，而稱作 Udānavarga，屬於說一切有部和根本說一切有部。再有一種俗語本，寫在樺樹皮上，也是在新疆出土，即有名的 *Gāndhārī Dharmapada*。它被認為是現存最早的佛經寫本。「方等」一類的經典，如果依照大乘佛教的解釋，則可以把一批大乘經典包括在內。

五

上面已經講到，南傳的上座部沒有雜藏一說。他們的經藏，由五個部分組成，即五 nikāya：*Dīghanikāya, Majjhimanikāya, Saṃyuttanikāya, Aṅguttaranikāya, Khuddakanikāya*。五部

中 *Dīgha, Majjhima, Saṃyutta, Aṅguttara* 在北傳的經典中都找到大致相當的一類的經典，只是不叫 nikāya 而稱 āgama，即漢譯的《長阿含經》、《中阿含經》、《雜阿含經》（現存兩種漢譯）和《增一阿含經》，以及一批應該歸屬於此類的零散經典。只有一部 *Khuddaka* 沒有與之相當的比較完整的漢譯。依照斯里蘭卡所傳 *Khuddakanikāya*，包括十五部經典：

Khuddakapāṭha

Dhammapada

Udāna

Itivṛttaka

Suttanipāta

Vamānavatthu

Petavatthu

Theragāthā

Therīgāthā

Jātaka

Niddesa
Paṭisambhidāmagga
Apadāna
Buddhavaṃsa
Cariyāpiṭaka

我們如果將這十五部經名與上引北傳的歸於「雜藏」的經名相對照，就會發現，北傳「雜藏」中的經典，很多可與南傳的 *Khuddakanikāya* 相對應，名稱上完全相同的，有「自說」、「法句」、「如是說」、「長老偈」或「聖偈」，「本生」、「譬喻」。《經集》中第五品 Pārāyaṇa（《彼岸道品》）就是北傳的「波羅延」。《經集》的第四品 *Atthakavagga*（《八頌經品》）與「句義」、「說義」從名稱到內容都有關係。南傳的經藏分五部，北傳的經藏一般卻只有四阿含，而不是五阿含，但卻增出一個「雜藏」。「雜藏」即大致相當於南傳的 *Khuddakanikāya*。【一】對這一點，比利時學者 E. Lamotte 曾經作過一些分析，得出這樣的看法。他的文章可以參考。【二】

六

漢譯的佛典，就有一部逕自以《雜藏經》為經名的作品，這就是東晉法顯所譯的《佛說雜藏經》。[三]但是，這部經名為「雜藏」，其實篇幅很短，只有一卷。經的結構有些混亂，但內容並不複雜。經的開端講，佛弟子目連在恒河邊上看見五百痛苦不堪的餓鬼，餓鬼們問目連，他們為什麼會如此受罪。十七餓鬼依次講了他們所受的折磨，於是目連一一告訴他們為什麼會這樣，原因都是前世的罪過。因果報應，是佛經中常見的主題，這類故事沒有什麼特

【一】真諦譯《阿毗達磨俱舍釋論》卷二十二提到《少分阿含》（《大正藏》卷二十九，頁三〇六上），玄奘譯《阿毗達磨俱舍論》卷二十九提到的《雜阿笈摩》（《大正藏》卷二十九，頁一五四中），與也是玄奘譯的《大阿羅漢難提蜜多羅所說法住經》裡講到的「五《阿笈摩》」中的《雜類阿笈摩》，是北傳中少見的一種說法。這一說法的存在，說明北傳經典的情況不僅一開始就相當複雜，而且後來又逐漸有新的變化。《雜類阿笈摩》可能就相當於舊說的「雜藏」，被稱作「阿笈摩」，也是一種 analogic development。

【二】E. Lamotte: Problemes concernant les texts canoniques "Mineurs", *Journal Asiatipue*, 1956, pp. 249-264.

【三】《大正藏》卷十七，頁五五七—五六〇。

別的地方。經的第二部分，講了幾個因善得福的小故事，正好與餓鬼的故事相對照。接著下面講槃底國王憂達那和月明夫人的故事。故事牽連到摩竭國的洴沙王。這也很平常。但最奇怪的是，故事在講到憂達那王出家後，與洴沙王的一段對話之後，突然一轉，又講到月氏國王和月氏王建立的「三十二浮圖」，文中還補充道：「是故此寺名波羅提木叉。自爾以來，未滿二百年，此寺今在，吾亦見之。寺寺皆有好形象。」極像是譯者的注語，混入了正文。經的最後以「佛有無量功德福田甚良，於中種種果報無盡，待我將來成佛，乃能知之」結束。

據法顯自己撰寫的《法顯傳》，他在師子國尋得的經典中，除了《彌沙塞律》、《長阿含》、《雜阿含》外，就有一部《雜藏》。[一] 法顯把這些經典帶回了中國。這部《佛說雜藏經》，題為法顯譯，如果說根據的就是法顯帶回的那份原本，應該是順理成章的事。但是，從現有的譯本看，體例混亂，很難說是原文就如此，還是由於翻譯以及傳寫的原因。或者兩個原因兼有。原本早已不存，很難判斷。不過，從《雜藏經》這個題目來看，原本很可能就是一種或幾種零碎的經典拼湊在一起，《雜藏經》只是一個總題，指示出它可以歸入的一個大類。《雜藏經》的三個異譯本，題為安世高譯的《鬼問目連經》和失譯附東晉錄的《餓鬼報應經》以及《目連說地獄餓鬼因緣經》就是例證。[二] 法顯譯本中的十七餓鬼故事，與《鬼問目連經》和《餓鬼報應經》的內容相同，也與巴利文經典中 *Petavatthu* 相似。*Petavatthu* 屬於

Khuddakanikāya。前面講了，北傳的「雜藏」類經典，在分類上相似於南傳的小部經典。鬼問目連的故事或者說明，在巴利文系統的經典之外，也有一種或者數種可能稱作 Pretavastu 的作品，屬於「雜藏」的一部分。法顯譯本的「雜藏經」一名，即由此而來。

再有，還應該指出，法顯譯本《雜藏經》中出現有關月氏王的故事，說明至少這一部分內容比較晚出。

七

以上討論的「雜藏」問題，雖然依據的材料很多出自漢文的佛教文獻，卻主要與印度或中亞的佛教典籍有關。現存的佛教文獻，從數量上講，漢文的最多，但問題也最複雜。所謂北傳的佛教文獻，各種語言的都有。印度和中亞語言的佛教文獻，相信曾經有一部分在某一個時候，例如使用梵文的說一切有部的文獻，在公元前後，曾經依照「三藏」的形式而存在過。但具體的形態如何，我們今天已經很難知道。對於其他部派，估計情形也大同小異。「雜

【一】《高僧法顯傳》，《大正藏》卷五十一，頁八六五下。

【二】前兩個漢譯本今存。見《大正藏》卷十七，頁五三五—五三六，頁五六〇—五六二。

藏」就是與此有關的一個問題。漢文的佛藏，其主體部分是由印度、中亞或東南亞傳譯而來的經典構成。漢文佛藏現在組織成「三藏」，明顯是對原來的印度經典組織形式的一種繼承和模仿。其中「雜藏」的地位如何，一方面反映出中國佛教徒當時對佛教經典整體結構的認識，同時也不同程度地反映出當時佛教經典在印度和中亞流傳和演變的狀況。在這一點上，漢文佛教文獻就顯示出了它的重要性和某些特殊性。

但有意思的是，除了根據從印度和中亞傳來的經典而劃分「雜藏」外，中國佛教徒在整理並嘗試全面編定已有的經典時，往往給「雜藏」以更寬泛的一個界定。一個例子是北齊武平年間（五七〇—五七六年）沙門法上所編《高齊眾經目錄》，又稱為《法上錄》。作為經錄，《法上錄》把經典著錄為八大類（八件），即：

一、雜藏錄；

二、修多羅錄；

三、毗尼錄；

四、阿毗曇錄；

五、別錄；

六、眾經抄錄；

七、集錄；

八、人作錄。【一】

這裡有兩點值得注意：一、法上把「雜藏」排在首位，似乎很重視雜藏一類的經典，這種做法，為其他經錄所無。二、據費長房等的轉載，《法上錄》中「雜藏」一類，共錄有經典二百九十一部，八百七十四卷，數量大大超過同一經錄中其他任何一類經典。這裡面包括些什麼經典，《法上錄》現已不存，我們無法知道。但只是從這個數量上看，它包括的經典必定很廣泛，可以說不僅是名副其實的「雜」，而且還廣。

但是隋唐時有的僧人對「雜藏」一名的使用和理解則更進了一步。這也有例子。唐初靜泰撰《大唐東京大敬愛寺一切經目錄序》講：

【一】《法上錄》今不存，但其編纂結構記錄在《歷代三寶紀》卷十五、《大唐內典錄》卷十和《開元釋教錄》卷十中。見《大正藏》卷四十九，頁一二六上，卷五十五，頁三三七中、頁五七四上。

律師道宣又為錄序，般因夏禮，無革前修，於三例外附申雜藏，即法苑、法集、高僧、僧史之流是也。頗以毗讚有功，故載之云爾。【一】

這樣說來，自道宣開始，把中土的撰述，歸作一類，也可稱為「雜藏」。中國佛教徒的著述，可以入藏並成為一類，可說是佛教在中國發展到一定時候的一個成果，它說明中國佛教已經進入了它的成熟期。當然，這裡的「雜藏」一名，其意思和以前比較，已經有很大的變化。佛教經典中甚麼是「雜藏」？阿難回答：「此說各異，隨眾意行。」對佛典傳譯早期的「雜藏」，我們作了以上的考證。那麼到道宣編纂經錄時，他「隨眾意行」，把中土著作也稱作雜藏，也就無可厚非。雖然我們同時還應該知道佛典中「雜藏」一名在不同地方，前後不同的變化。

原刊《國學研究》（北京：北京大學出版社，一九九四年），第二卷

【一】《大正藏》卷五十五，頁一八一上。

鄭樵《通志・七音略》中的「胡僧」及其他

鶴立蛇形勢未休，五天文字鬼神愁。
支那弟子無言語，穿耳胡僧笑點頭。
唐玄宗《題梵書》【一】

南宋鄭樵的《通志》是一部有名的書，全書二百卷，內容囊括古今，結構雖然為紀傳體，但某種意義上也有些類似於今人編的歷史百科全書。不過，書中最有「創新點」的，不是其中的紀傳，而是其中的《二十略》部分。《四庫全書總目》卷五十《史部·別史類》對此做過評價：「（鄭樵）平生之精力，全帙之精華，惟在《二十略》而已。」【二】這一段評價，一般都認可，因此講到《通志》一書時，常常被人引用。

《二十略》中的第三略，稱作《七音略》。在中國音韻學史上，《七音略》一直被視為最重要的著作之一。說《七音略》重要，主要有兩個原因：一是因為它寫成的時間，正好處在音韻學理論發展的一個重要轉折期，即晚唐到宋。中國古代音韻學中的等韻學理論，到這個時候，漸成氣候，或者說就成形了。二是因為書中有一組根據等韻學理論繪製的標準化圖式，即一般所稱的韻圖。現在能見到的收有最早的韻圖的書，只有兩種，一種是《韻鏡》，一種即《通志》的《七音略》。兩種書都是宋代的著作。前者在中國早已見不到，清末在日本發現，才重新傳回中國。兩部書因此受到研究漢語音韻學史，有時也包括研究漢語其他問題的學者們的重視。

近代學者中，最早對《七音略》做過專門研究的，是羅常培先生。羅先生一九三五年在《中央研究院歷史語言研究所集刊》第五本第四分上發表過〈《通志·七音略》研究〉一文，文中提出了一些相當重要的研究意見。【三】其後研究等韻學的著作，如趙蔭棠的《等韻源流》，李新魁的《漢語等韻學》等，對《七音略》都做過一些論述。最近的研究專著，有楊軍的《七音略校注》。【四】不過，這些研究，大多都集中在討論韻圖與韻部以及韻部中各類字音的處理，對鄭樵編撰《七音略》的歷史背景和鄭樵本人一些說法的來源則討論得不多。

對漢語音韻學，我是外行，相關的知識很有限，不過我對鄭樵書中講到的內容有幾處感

【一】這首詩傳為唐玄宗所作，歷代流傳，文字略有不同。此處所引出敦煌寫卷P. 3986，王重民錄文。見王重民輯錄《補全唐詩》，收入陳尚君輯校《全唐詩補編》（北京：中華書局，一九九二年），第一冊，頁五。

【二】《四庫全書總目》中華書局印本，一九六五年，上冊，頁四四八。

【三】後收入《羅常培語言學論文集》（北京：商務印書館，二〇〇四年）。

【四】楊軍：《七音略校注》（上海：上海辭書出版社，二〇〇三年）。

興趣的問題，問題所及，倒不僅限於音韻學的範圍。知道自己是外行，但還是想發表一點意見，對還是不對，有沒有價值，都希望能得到內行們的批評。

《七音略》包括兩部分。前一部分是鄭樵的「序」，後一部分是圖，即韻圖。我只談「序」，韻圖只在必要時稍有涉及。鄭樵的「序」不長，不過一千五百多字，但寫得頗為揮灑，其中的內容涉及到多方面的問題，一些話卻又說得含含糊糊，很有討論的餘地。篇幅所限，我這裡只能先提出三個問題。

第一個問題是「序」中提到的「胡僧」。

鄭樵講到他撰寫《七音略》以及製作《諧聲圖》與《內外轉圖》的緣由：

> 臣初得《七音韻鑒》，一唱而三歎，胡僧有此妙義，而儒者未之聞。及乎研究制字，考證諧聲，然後知皇頡、史籀之書已具七音之作，先儒不得其傳耳。今作《諧聲圖》，所以明古人制字通七音之妙。又述《內外轉圖》，所以明胡僧立韻得經緯之全。釋氏以參禪為大悟，通音為小悟，雖七音一呼而聚，四聲不召自來，此其粗淺者耳。至於紐攝杳冥，盤旋寥廓，非心樂洞融天籟，通乎造化者，不能造其閫。字書主於母，必母權子而行，然後能別形中之聲。韻書主於子，必子權母而行，然後能別聲中

之形。所以臣更作字書，以母為主，亦更作韻書，以子為主。今茲《內外轉圖》，用以別音聲，而非所以主子母也。【一】

「胡僧」一語，當然是指外國僧人，但究竟是誰，鄭樵並沒有講，也許他也講不出來。再有，鄭樵提到的「胡僧」，似乎就是《七音韻鑒》的作者，情況會是這樣的嗎？

對這個問題，我以為可以分兩個層次來做分析，首先是《七音韻鑒》，其次是《七音韻鑒》的作者。

鄭樵提到《七音韻鑒》，但以《七音韻鑒》為名的書，現在已經見不到。有的研究者認為，《七音韻鑒》一書，確實有過，只是後來佚失了。也有人認為，《七音韻鑒》就是現在還能見到的《韻鏡》。

我的看法，鄭樵撰寫《七音略》，他自己說，所本的是《七音韻鑒》，這一點我們可以相信。尤其是《七音略》中的韻圖，估計更是來自《七音韻鑒》。《七音略》中列出的韻圖，與

【一】《通志》，中華書局一九八七年印本，頁五一三。中華本據原商務印書館《萬有文庫》本重印。

《韻鏡》中的韻圖，雖然大體相似，但也有好些不同之處，因此我以為《七音韻鑒》與《韻鏡》不是一部書，而是兩部書。【一】

《韻鏡》的編撰年代比《七音略》早一些，估計跟《七音韻鑒》相差不遠，也許還稍早。《韻鏡》不是「胡僧」的著作，而《七音韻鑒》會是嗎？我以為也不可能是。中國歷史上的「胡僧」，從來沒有編撰出類似著作的。以涉及的內容尤其是韻圖而言，這樣的著作，真正的「胡僧」恐怕也很難編撰出來。韻圖講的是漢語，而不是「胡語」——這裡的「胡語」泛指漢語以外的外語，其實主要應該是指印度的梵語——「胡僧」或「胡僧」們列出或編撰出胡語的語音表或字母表——例如「悉曇章」一類的表格——那很自然，但要編制出漢語的韻圖，不說是絕對不可能，可能性也幾乎為零，何況鄭樵說不出具體的名字。《七音韻鑒》的作者，應該是中國人，很可能就是那些「以參禪為大悟，通音為小悟」的中國佛教僧人或者是與這些僧人有過密切交往的中國學人。【二】

鄭樵說《七音韻鑒》「出自西域」，是「胡僧」的著作，這不可信。不過，他講的「胡僧有此妙義，而儒者未之聞」，這樣的「妙義」，如果說是指《七音韻鑒》書中所依據的新的音韻學理論，最早來自「胡僧」，倒不是沒有來由。

這個來由就是，形成於唐末宋初的等韻學理論，與最初從印度傳入中國的梵語語言學知識——在中國往往以「悉曇」或者《悉曇章》作為代稱——以至後來在中國發展出來的所謂悉曇學密切相關。【三】在這個過程中間，尤其是在其早期階段，「胡僧」當然要發揮作用。古代音韻學中的反切和四聲之説不論，這方面的例子其實很多，我這裡只舉出兩個。

第一個是在敦煌寫卷中發現的首句為「鳩摩羅什通韻」的一份殘卷，寫卷編號S. 1344

【一】這裡不涉及兩種書中的兩種韻圖之間的相關性。對此有學者認為兩種韻圖有一個共同的來源，「來自同一唐時古韻圖」。見潘文國《韻圖考》（上海：華東師大出版社，一九九七年），頁九八——一〇一。

【二】《宋史藝文志》載有「釋元沖《五音韻鑒》」。李新魁認為，此即《七音韻鑒》。見李新魁《漢語等韻學》（北京：中華書局，一九八三年），頁六三。但我以為此説理由不充分。「七音」與「五音」，雖然只是一字之差，但可能代表的是二者在認識上的差異。

【三】我説「所謂悉曇學」，意思是想説明，把悉曇作為一種專門的研究對象，以致最後被稱為「悉曇學」，是佛教傳入中國，再從中國延伸到日本以後才有的事。因為悉曇最早從印度傳來，以為在印度就有一種學問，稱為悉曇學，這某種程度上是誤解。印度歷史上使用過很多種形態不一的字母，中國人所説的悉曇字，只是其中一種，一度在一個有限的區域內流行。用這種字母排列出的表，稱作《悉曇章》，但僅此而已。印度傳統的學科中，實際上沒有悉曇學一説。悉曇而成為學，是在中國和日本發生的事，是佛教傳入中國的過程中中印兩種文化結合的結果。

號。儘管它並非一般認為的鳩摩羅什所撰，但作為唐代中期或稍晚撰成的文字則無疑。[二]這段文字中的很多詞語，例如「十四音者，七字聲短，七字聲長。短者吸氣而不高，長者平呼而不遠」，「一切音聲，六道殊勝，語言悉攝在中」，「豎則雙聲，橫則牒韻。雙聲則無一字而不雙，牒韻則無一字而不韻」，「半陰半陽，乍合乍離，兼胡兼漢。咽喉牙齒，咀嚼舌（齶），脣端呼吸，半字滿字」，與後來的等韻學通行的一些術語比較，就能清楚地看出一種模仿和演變的痕跡。

第二個例子也是唐代的著作，名稱是《涅槃經悉談章》，原書在中國早已失傳，民國初年由羅振玉在日本所發現。現存本前有殘缺，起始第一句為：「舌中音者，吒吒知知是雙聲，吒吒荼拏是迭韻。悉談，魯流盧樓為首生。」這幾句話，正與上面的「鳩摩羅什通韻」為首句的文字完全相同。其他相同的還有「以頭為尾」、「以尾為頭」、「尾頭俱尾」、「豎則雙聲」、「半陰半陽」、「耶（邪）正相加」、「單行獨隻」、「摘（擿）掇（綴）相連」等等用語。這些都是《七音略》的韻圖中用到的術語。有意思的是，《涅槃經悉談章》也題作「羅什三藏翻譯」，並且說明是日本僧人宗睿在唐咸通三年（八六二年）在明州開元寺從一馬姓僧人處抄寫而來。二者當然都是託名之作。不同的是，《涅槃悉談章》討論梵文字音的拼合，S.1344號寫卷上的文字則是一種泛論，兼及梵漢，二者如果要論先後，從情理上推斷，應該是先有

《涅槃經悉談章》，而後有「鳩摩羅什通韻」。

兩個例子說明什麼呢？我以為至少可以說明三點：一、這裡講到的有關音韻的一些說法，顯然與後來的等韻學理論有關。二、這些音韻方面的術語，包括概念，來自從印度傳入中國的梵語語言學知識，也就是與中國所稱的「悉曇」或者《悉曇章》相關的一些理論。三、在唐代乃至於唐代以前，「胡僧」被認為是這些新的音韻學理論的創製者。這類性質的著作託名鳩摩羅什，本身就具有典型的意義。在歷史上所有的「胡僧」中，鳩摩羅什正是一位最具代表性的人物。

鄭樵講「胡僧有此妙義」，背景大致就是如此。因此，我以為可以這樣說，雖然《七音韻鑒》不是「胡僧」的著作，但從古代音韻學發展的歷史看，鄭樵的說法不是沒有根據。「胡僧」與從印度傳入的聲明學知識以及後來的悉曇有關，在鄭樵之前，早已經是廣泛流傳的說法。只是其中的細節，鄭樵似乎並不是很清楚。但他在「序」中對此的一番議論卻洋洋灑灑：

【一】認為是鳩摩羅什所撰，是香港饒宗頤先生的看法。學者們一般也都這樣講。但我對此有不同的看法，我認為這份寫卷包括上面的文字，寫成的時間在唐代中期甚至更晚。參見拙文〈鳩摩羅什《通韻》考疑暨敦煌寫本 S.1344 號相關問題〉，載《中國文化》（香港：中華書局有限公司，一九九二年），第七期，頁七一——七五。我確信我的看法根據很充分。

七音之韻，起自西域，流入諸夏。梵僧欲以其教傳之天下，故為此書，雖重百譯之遠，一字不通之處，而音義可傳。華僧從而定之，以三十六為之母，重輕清濁，不失其倫，天地萬物之音，備於此矣。雖鶴唳風聲，雞鳴狗吠，雷霆驚天，蚊虻過耳，皆可譯也，況於人言乎。所以日月照處，甘傳梵書者，為有七音之圖，以通百譯之義也。

這裡的「梵僧」，意思與「胡僧」相同。鄭樵議論至此，還問了一個很好的問題，那就是，為什麼「瞿曇之書」能傳到中國，「宣尼之書」卻不能傳到印度？鄭樵的話是這樣講的：

今宣尼之書，自中國而東則朝鮮，西則涼夏，南則交阯，北則朔易，皆吾故封也，故封之外，其書不通。何瞿曇之書能入諸夏，而宣尼之書不能至跋提河？聲音之道，有障閡耳，此後學之罪也。舟車可通，則文義可及。今舟車所通而文義所不及者，何哉？臣今取七音，編而為志，庶使學者盡傳其學，然後能周宣宣尼之書以及人面之域，所謂用夏變夷，當自此始。

可見鄭樵希望的是，他的「七音」之學，最後能夠「用夏變夷」。可是這能辦到嗎？當然不能辦到。不過在今天來看，八百多年前的鄭樵，有這樣的抱負和口氣，倒是讓人不由得不生出幾分佩服。今天的學者討論的歷史上中印之間的文化交流為什麼大多顯現為「單通道」（One traffic）而非「雙通道」（Two traffics）的問題，鄭樵似乎早就關注到了。

第二個問題是鄭樵講到的「七音」。

《七音略》以「七音」作為標題，鄭樵的「序」，用了一半以上的篇幅討論「七音」。但是鄭樵講得對嗎？我以為對一半不對一半。

七音指哪七音？鄭樵「序」開首一段的議論，從耳與目，視與聽，「皇頡制字，伶倫制律」談起，談及文字，再談及字音，於是引出「七音」的問題：

> 天地之大，其用在坎離。人之為靈，其用在耳目。人與禽獸，視聽一也，聖人制律，所以導耳之聰，制字，所以擴目之明，耳目根於心，聰明發於外，上智下愚，自此分矣。雖曰皇頡制字，伶倫制律，歷代相承，未聞其書。漢人課籀隸，始為字書，以通文字之學。江左競風騷，始為韻書，以通聲音之學。然漢儒識文字而不識子母，則失制字之旨。江左之儒識四聲而不識七音，則失立韻之源。獨體為文，合體為字，

漢儒知以《說文》解字，而不知文有子母。生字為母，從母為子，子母不分，所以失制字之旨。四聲為經，七音為緯，江左之儒知縱有平、上、去、入為四聲，而不知衡有宮、商、角、徵、羽、半徵、半商為七音。縱成經，衡成緯，經緯不交，所以失立韻之源。

也就是說，這裡的「七音」，包括宮、商、角、徵、羽、半徵、半商。鄭樵以下的一段議論則引隋代開皇二年詔定音樂的故事作為說明：

臣謹按：開皇二年，詔求知音之士，參定音樂。時有柱國沛公鄭譯獨得其義，而為議曰：考尋樂府鐘石律呂，皆有宮、商、角、徵、羽、變宮、變徵之名，七聲之內，三聲乖應，每加詢訪，終莫能通。先是周武帝之時，有龜茲人曰蘇祇婆，從突厥皇后入國，善胡琵琶。聽其所奏，一均之中，間有七聲。問之，則曰：「父在西域，號為知音，世相傳習，調有七種。」以其七調，校之七聲，冥若合符。一曰娑陁力，華言平聲，即宮聲也。二曰雞識，華言長聲，即南呂聲也。三曰沙識，華言質直聲，即角聲也。四曰沙侯加濫，華言應聲，即變徵聲也。五曰沙臘，華言應和聲，即徵聲也。六曰般贍，華言五聲，即羽聲也。七曰俟利箑，華言斛牛聲，即變宮也。譯因習而彈之，始得七聲之正。然其就此七調，又有五旦之名。旦作七調，以華譯之，旦即均也。譯遂因琵琶更立七均，合成十二，應十二律，律有七音，音立一調，故成七調，十二律合八十四調，旋轉相交，盡皆和合。仍以其聲考校太樂鐘律，乖戾不可勝數。譯為是著書二十餘篇，太子洗馬蘇夔駁之，以五音所從來久矣，不言有變宮變徵，七調之作，實所未聞。譯又引古以為據，周有七音之律，漢有七始之志。時何妥以舊學，牛弘以巨儒，不能精通，同加沮抑，遂使隋人之耳不聞七調之音。

這裡的話，幾乎就是《隋書》卷十四《音樂志》中鄭譯的原話，這裡的宮、商、角、徵、羽、變宮、變徵，指的是從西域的龜茲國傳來的「龜茲七調」。只是其後鄭樵又稍稍變化了一下詞語，把「變宮」、「變徵」改稱為「少宮、少徵」：

臣又按：唐楊收與安頠論琴，五弦之外，復益二弦，因言七聲之義。西京諸儒惑圜鐘函鐘之説，故其郊廟樂惟用黃鐘一均，章帝時太常丞鮑業始旋十二宮。夫旋宮以七聲為均，均言韻也，古無韻字，猶言一韻聲也。宮、商、角、徵、羽為五聲，加

> 少宮、少徵為七聲，始得相旋為宮之意。琴者，樂之宗也，韻者，聲之本也，皆主於七，名之曰韻者，蓋取均聲也。

但是這裡就有了問題：在中國古代，稱作「五音」的宮、商、角、徵、羽，原本是用來講樂律，而不是用來推求字音。古代中國人對樂律的探求，遠遠早於對字音的探求。宮、商、角、徵、羽的稱謂，很早就有了。把傳統樂律的「五音」，增加為「七音」，名稱不變，但用途改變，用來指稱字音，就這一點而言，並非不可，但把原本是樂調的「龜茲七調」與此聯繫在一起，卻很牽強，實際上可以說是一種誤解。因為鄭樵講的「龜茲七調」或者說「七音」，原本是指樂音，而不是指字音。鄭樵的舉證其實是有一些問題的。

《隋書》的這段文字，是中國音樂史上很重要的資料。【一】北京大學已故的向達先生，八十多年前寫過一篇長文，題目就是《龜茲蘇祇婆琵琶七調考原》。向先生對此做了很好的討論。【二】隋唐時代，龜茲的樂舞流行長安。隋唐的宮廷樂部中，有「龜茲部」，專門演奏龜茲傳來的音樂。「知音之士」沛公鄭譯通曉龜茲樂人蘇祇婆所傳的「龜茲七調」，把「七調」改稱為「七音」，這在當時還引起一些爭議。

這些故事，鄭樵當然知道，大概這也是鄭樵用了一長段文字來解釋「七音」的原因。但二者雖有一定的相似性，卻並不是一回事，鄭樵混淆在一起，理解顯然不準確，用此前的「龜茲七調」來解釋或者比附此後出現的作為等韻學術語的「七音」，多少顯得有點非驢非馬。

不過，鄭樵對「七音」的解釋，其中雖然有穿鑿之處，但與他講「胡僧」時的情形一樣，他有這樣的說法，也不是沒有來由。來由就是從南北朝到宋，因為大量翻譯佛經，在翻譯的過程中，佛教的僧人加上一批學者，討論梵文的字音，發音的原理以及相應的漢文譯字，啟發了中國人對漢語字音發音原理的探究。這方面也有許多例子。最早的是謝靈運撰寫的《十四音訓敘》。【三】再後來是蕭梁時代，包括梁武帝等人都積極參加的對「十四音」的討論。【四】再後來就有了《隋書》卷三十二《經籍志》中講的「自後漢佛法行於中國，又得西域胡書，

【一】鄭樵所引故事，見《隋書》中華書局標點本，第二冊，頁三四五—三四六。

【二】向文最早發表在一九二六年六月出版的《學衡》第五十四期，後來收入向先生的論文集《唐代長安與西域文明》（北京：三聯書店，一九五七年），頁二五二—二七四。

【三】參見拙文〈謝靈運《十四音訓敘》輯考〉，《國學研究》（北京：北京大學出版社，一九九五年），第三卷，頁二七五—三〇〇。

【四】見饒宗頤《唐以前十四音遺説考》，《梵學集》（上海：上海古籍出版社，一九九三年），頁一五九—一九六。

能以十四字貫一切音，文省而義廣，謂之婆羅門書，與八體六文之義殊別」那一段話。【一】

與「十四音」相似，與佛經翻譯有關的，其實還有「四十二音」，「五十音」說法，再有衍生出來的「十六音」（與「十四音」相關），「四十音」（與「四十二音」相關）等等說法。【二】

鄭樵的「七音」之說，後來的等韻學家也都程度不同地使用。後代的等韻圖，大多按照「七音」分類進行製作，但術語大多不一樣，而且有更多的解釋。【三】

第三個問題是鄭樵講的「子母」。

鄭樵的《七音略》，本來主題是講字音和音韻，但前引開首一段話中的部分內容卻超出於此：

> 漢儒識文字而不識子母，則失制字之旨。江左之儒識四聲而不識七音，則失立韻之源。獨體為文，合體為字，漢儒知以《說文》解字，而不知文有子母。生字為母，從母為子，子母不分，所以失制字之旨。

顯然，這不只是在講漢字的字音，而是講漢字的字形和構造。鄭樵對此還有更多的解釋，這包括我們前面的引文裡：

字書主於母，必母權子而行，然後能別形中之聲。韻書主於子，必子權母而行，然後能別聲中之形。所以臣更作字書，以母為主，亦更作韻書，以子為主。今茲《內外轉圖》，用以別音聲，而非所以主子母也。

鄭樵說的「子母」指什麼呢？漢字的字形系統中能夠做「子」和「母」的分類嗎？這個問題，涉及到鄭樵《二十略》中的第二略《六書略》，尤其是《六書略》中的「論子母」以及「論子母所自」二節，其中所講正與《七音略》相表裡，即「更作字書，以母為

【一】《隋書》中華書局標點本，第四冊，頁九四七。

【二】「十四音」、「四十二音」、「五十音」，乃至於「十六音」、「四十音」等等，雖然都是在解釋字音，但解釋的背景其實有很大的差別。例如「十四音」和「五十音」與梵語的語音排列體系有直接關係，而「四十二音」和「四十音」則基本上不是在講語音問題。但這一點，從古至今，弄清楚的人似乎不多。

【三】等韻圖按照「七音」分類，「七音」的名稱，大多以發音部位作為區別，即：脣、舌、齒、牙、喉、半舌（來母）和半齒（日母）七種音。《韻鏡》中的等韻圖中所列就是這樣。使用宮、商、角、徵、羽、少宮、少徵七個名稱作為「七聲」的，則不多見。即使是《七音略》書中所附的《諧聲圖》與《內外轉圖》，也見不到鄭樵講的這七個名稱。

主」。鄭樵的理論其實也可說很有些創意：

> 立類為母，從類為子。母主形，子主聲。《說文》眼學，眼見之則成，耳聽之則不成類。《廣韻》耳學，耳聽之則成類，眼見之則不成類。故《說文》主母而役子。《廣韻》主子而率母。《說文》形也，禮也；《廣韻》聲也，樂也。《說文》以母統子，《廣韻》以子該母。【一】

鄭樵講，他還撰有一部著作《象類書》，書中把所有的漢字歸納為「三百三十母，為形之主；八百七十子，為聲之主；合千二百文，而成無窮之字。」根據這樣的原則，鄭樵在《六書略》中列出了這「千二百文」。在鄭樵看來，對於許慎《說文》中所講的「六書」，即指事、象形、諧聲、會意、轉注、假借六種造字的方法和原則來說，這是一大進步。

把「六書」再做分類，細加區分，有所謂「形兼聲」、「形兼意」、「字母同聲」、「母主聲」、「聲兼意」等等之類，這些的確是鄭樵的創新。但以文字牽就「六書」，從來就未必合適，也未見得能總括所有的漢字。元明時代研究漢字或者說「小學」的學者，雖然不少人依這條路往前走，但其實沒有取得什麼成就。

我的印象，在鄭樵的頭腦裡，似乎有一個全新的想法，他把漢字的結構成分分解為「母」和「子」，進而提出「母主形，子主聲」，「《說文》眼學」，「《廣韻》耳學」一系列說法，他的目的，似乎是想把字形和字音用某種形式在一定程度上整合起來，只是他沒有成功。對於研究漢字的學者而言，這樣的想法，確有新意，甚至可以說是「破天荒」。這樣的新意來自哪裡？我以為就是因為鄭樵——也包括其他的學者——到了這個時候，對於漢字的字音有了更多的認識和探索。鄭樵自己，更往前走了一步，試圖在字音和字形二者之間建立起一種聯繫。但漢字以象形作為基本出發點，經過一千多年的發展，方向基本不變，已經形成了自己的特點，而且已經固化，這樣的嘗試，過去沒有成功，現在和將來恐怕也難以成功。所以《四庫全書總目》對此講了一句話：「《六書略》多穿鑿。」這樣的批評，放在這個地方，確實說得對。「穿鑿」一詞，帶有貶義，但如果不談貶義，這卻正顯出鄭樵思想的某些特點：他對新異之事總好像很有興趣，很追求「創新」。《七音略》如此，《六書略》也如此。

對於《通志》一書，《四庫全書總目》還講了一句話：「樵負其淹博，乃網羅舊籍，參以新意，撰為是編。」講到《七音略》和《六書略》，更有一段特別的批評：「至於《六書》、《七

【一】《通志》，中華書局一九八七年印本，頁五〇九。

音》，乃小學之支流，非史家之本義，矜奇炫博，氾濫及之，此於例為無所取矣。」不過，我的一個感覺是，撰寫《四庫全書總目》的館臣們似乎低估了鄭樵。其實在鄭樵看來，他編撰《通志》，就是要突破過去的框架，要超出「史家之本義」。館臣們認為這不對，但如何評價，可取還是不可取，可以見仁見智。

最後還講一點，那就是鄭樵編撰《通志》的時代背景和他個人的知識結構。這是我一時想到的問題。作為學者，鄭樵的成就是突出的。《通志》是他最重要的著作，《通志》書中反映出的大百科式的知識結構，是不是可以也反映出宋代文化和學術的一些新的特點？宋代從各方面講，都處在中古時期的一個轉變過程中。宋代的社會風氣，重視讀書。印刷術得到廣泛應用，書籍易於獲得，也是在這個時候。這些是不是都為鄭樵和他編撰《通志》這樣大部頭著作提供了比此前好得多的條件？作為學者，鄭樵的學問和知識因此也顯示出一些不同之處。

至於《七音略》一書，尤其是「序」這一段，其中反映出的鄭樵的知識框架和學術路徑，大概與他編撰《通志》其他部分時的情形一樣，稱得上淹博，專精則要差一些，有的問題，鄭樵實際上是知其一，不知其二。

我這樣說，並沒有低估《通志》以及其中的《七音略》價值的意思。任何人都有自己時代的局限性，我們完全不必苛責古人。我的意思，不過是希望通過討論，發現問題，增加我們對《通志》，尤其是《七音略》的瞭解和理解。【一】同時我還想說的是，一個人的學術，離不開自己所處時代的風氣。從鄭樵的書，小而言之，可以看到鄭樵個人學術的特點，大而言之，還可以看到宋代學術的風氣和部分特點。這也就是《四庫全書總目》對《通志》一書所做的一段總結：

> 蓋宋人以義理相高，於考證之學，罕能留意。樵恃其該洽，睥睨一世，諒無人起而難之，故高視闊步，不復詳檢，遂不能一一精密，致後人多所譏彈也。特其採摭既已浩博，議論亦多警辟，雖純駁互見，而瑕不掩瑜，究非遊談無根者可及，至今資為考鏡，與杜佑、馬端臨書並稱《三通》，亦有以焉。【二】

【一】宋代對於漢語音韻真正有較好認識的學者中，應該提到沈括。沈括《夢溪筆談》卷十五《藝文二》中很長一段講到「切韻之學」。在我看來，其中的見解和表達比鄭樵高明。文長不具引。見胡道靜《新校正夢溪筆談》（北京：中華書局，一九五七年），頁一五八—一五九。沈括的年代（一〇三一—一〇九五年）早於鄭樵（一一〇四—一一六二年）。

【二】《四庫全書總目》中華書局印本（北京：中華書局，一九六五年），上冊，頁四四九。

從以上討論的結果看，這樣的評語，應該説大致公允。不過，倘若從另一個角度來理解，所謂「義理相高」，我們是不是也可以看作是思想活躍的一種表現呢？這與清代的情形恰好相反。清代在嚴格的思想管制的大背景下，學術以考據見長。宋代不一樣，思想相當自由，在義理之學上因此有許多新的成就。這一點，清代卻不可以相比較。宋代的學人，顯然更富有想像力，喜歡也能夠做更多自由的發揮。我們從鄭樵的身上，似乎也能感覺到這一點。

原刊《四川大學學報》（哲學社會科學版），二〇一三年第二期

作者簡介

王邦維，四川大學歷史系七七級肄業，一九八二年在中國社會科學院研究生院獲碩士學位，一九八七年在北京大學東語系獲博士學位。一九九二年迄今任北京大學教授，先後任教於東語系、東方學系、東方學研究院、外國語學院以及東方文學研究中心。現任北京大學季羨林教席教授及北京大學博雅講席教授、北京大學東方學研究院院長、東方文學研究中心主任、印度研究中心主任。

自一九八五年起在國內以及德國、法國、印度、日本、瑞典、愛沙尼亞、荷蘭、尼泊爾出版或發表過多種著作和論文，內容涉及佛教語言、文獻、佛教歷史與中印文化關係史，另撰寫有多篇書評、書序及其他與學術相關的文章。

著述年表

中文專著：

1《佛經故事選》，重慶：重慶出版社，一九八五年。
2《大唐西域記校注》，與季羡林等合著，北京：中華書局，一九八五年；重印，一九九〇年，一九九五年，二〇〇〇年。
3《大唐西域求法高僧傳校注》，北京：中華書局，一九八八年；重印，二〇〇〇年，二〇〇四年；修訂增補版，二〇〇九年。
4《佛教史話》，北京：商務印書館，一九九一年。
5《南海寄歸內法傳校注》，北京：中華書局，一九九五年；重印，二〇〇〇年；修訂增補版，二〇〇九年。
6《唐高僧義淨生平及其著作論考》，重慶：重慶出版社，一九九六年。
7《法苑珠林釋譯》，台北：佛光文化事業有限公司，一九九七年。
8《大唐西域記釋譯》，台北：佛光文化事業有限公司，一九九八年。
9《南海寄歸內法傳研究》，高雄：佛光山文教基金會，二〇〇三年。
10《佛經故事》，北京：中華書局，二〇〇七年，二〇〇九年。
11《華梵問學集：佛教與中印文化關係研究》，蘭州：蘭州大學出版社，二〇一四年。

12《感懷集》，北京：中華書局，二〇一五年。

13《跨文化的想像：文獻、神話與歷史》，北京：中國大百科全書出版社，二〇一七年。

翻譯與編著：

1《繪畫與表演》，與榮新江、錢文忠合譯，原作者：梅維恒（Victor Mair），北京：燕山出版社，二〇〇〇年；修訂版，上海：中西書局，二〇〇一年。

2《東方文學：從浪漫主義到神秘主義》，主編，長沙：湖南文藝出版社，二〇〇三年。

3《比較視野中的東方文學》，主編，太原：北嶽文藝出版社，二〇〇五年。

4《中華文明史》，第二卷，與張傳璽合編，北京：北京大學出版社，二〇〇六年。

5《東方文學學科：建設與發展》，主編，太原：北嶽文藝出版社，二〇〇七年。

6《東方文學經典：翻譯與研究》，主編，太原：北嶽文藝出版社，二〇〇八年。

7《東方文學研究：動態與趨勢》，主編，太原：北嶽文藝出版社，二〇〇九年。

8《泰戈爾與中國》，與譚中合編，北京：中央編譯出版社，二〇一〇年。

9《東方文學研究：文本解讀與跨文化研究》，主編，太原：北嶽文藝出版社，二〇一一年。

10《季羨林先生與北京大學東方學》，主編，銀川：陽光出版社，二〇一一年。

11《東方文學：文化闡釋與比較研究》，主編，北京：北京大學出版社，二〇一三年。

12《佛教神話研究：文本、圖像、傳說與歷史》，主編，上海：中西書局，二〇一三年。

13《師道師說：季羨林卷》，主編，北京：東方出版社，二〇一三年。

14《新中國60年外國文學研究》，與申丹合編，北京：北京大學出版社，二〇一五年。

15《東方文學研究集刊》，主編，北京：社會科學文獻出版，二〇一六年。

外文著述：

1 *Untersuchungen zur buddhistischen Literatur*, bearbeited zusammen mit F. Bandurski etc., Vandenhoeck & Ruprecht in Göttingen, Germany 1994.

2 *Tagore and China*, edited together with Tan Chung, Delhi: Sage Publications, 2011.

3 *India and China: Interactions through Buddhism and Diplomacy, a Collection of Essays by Professor Prabodh Chandra Bagchi*, edited together with Tansen Sen, India-China Studies, London New York Delhi: Anthem Press, 2012.

4 *The History of Chinese Civilization*, Vol. II, edited together with Zhang Chuanxi, Cambridge: Cambridge University Press, 2012.